沉香

收藏入门百科

沉香是一种什么物质,它从哪里来,如何去使用它?
如何辨别沉香的真假?
沉香缘何有如此高的市场价格?
如何收藏、保养沉香?
佩戴沉香有什么好处?
沉香的文化是什么?沉香的品格又是什么?

张梵　姜跃进　编著

化学工业出版社
·北京·

图书在版编目（CIP）数据

沉香收藏入门百科 / 张梵，姜跃进编著 . —北京：化学工业出版社，2014.1（2025.6重印）
ISBN 978-7-122-16166-6

Ⅰ.①沉… Ⅱ.①张…②姜… Ⅲ.①沉香-收藏-基本知识 Ⅳ.①G894

中国版本图书馆 CIP 数据核字（2012）第 317994 号

责任编辑：郑叶琳　　　　　　　　　装帧设计：尹琳琳
责任校对：宋　夏

出版发行：化学工业出版社（北京市东城区青年湖南街 13 号　邮政编码 100011）
印　　装：涿州市般润文化传播有限公司
710mm×1000mm　印张 10¼　字数 126 千字　2025 年 6 月北京第 1 版第 7 次印刷

购书咨询：010-64518888　　　　　售后服务：010-64518899
网　　址：http://www.cip.com.cn
凡购买本书，如有缺损质量问题，本社销售中心负责调换。

定　价：88.00 元　　　　　　　　　　　　　　　　版权所有　违者必究

前言

犹记得苏邦彦的那首小令——《苏幕遮·燎沉香》。其首句便是："燎沉香，消溽暑。"一首轻吟思乡之情的小诗。读时曾感叹古代文人真是好雅兴：闲来无事，点一点沉香，去一去暑气，思念一下家中的父母亲人。继而又感慨：古人真是好奢侈，思念家乡之时也是要燃些沉香应情应景，内心的一番感悟，也须得有好香来烘托。

闻香而心自静，心静而情自生。这或许就是文人雅士的香生活吧。物质总归还是要服务精神的。

接触沉香也有好多年了，同时也接触了许许多多、形形色色的沉香玩家和渴望了解沉香的香友们，也时常和他们一起高谈阔论，一起品香感悟。在言谈中，几乎每一个接触沉香的人对于沉香都会有不同的理解。但是每一个爱香之人都有一个共同点，那就是气质淡定、性情豁达，对生活的感悟颇深。

沉香便是一种如此神奇的物质，仿佛是冥冥之中的一种香缘，将爱香之人连到了一起。

世人常常感叹沉香有多么珍贵，有多么稀有，市场价格又是多么高昂，真假又是多么难辨。我觉得大可不必把沉香看得如此不近人情，如此高不可攀。其实有时候沉香更像是一种媒介。思想的媒介，交流的媒介。

在一个人闲暇时，点上一支香，或是熏上一炉香，这不仅仅是一种高雅的生活习惯，更是一种心态，一种不急不躁，冷静淡定的心态。无论是阅读，写作，还是工作、休息。时不时可闻到阵阵的淡雅香气，简单却也足够。

好友来访时，先点上一支好香，也就如同是泡上了一壶好茶，共同品味，继而闲聊、商谈。你会发现交流变得更为顺畅，思维也变得更加活跃。以香来隔绝世俗的浮躁，达至返璞归真。

香生活，如是而已！

在此，希望读者们能通过阅读本书了解沉香：它有的它的由来，它有的它的转变，它有它的过去，也有它的未来。认识它，感受它，领悟它，最终也能形成自己对沉香的独有理解。然后以其为媒介，结识好友，谈志向，谈生活，交流并感悟人生的点点滴滴。

闻香识人，本就如此简单！

目录

第二章 品香 \057

第一节 沉香与品香 \058
第二节 沉香之香气 感受 \073
第三节 正确用香 \088

第一章 何谓沉香 \001

第一节 沉香之生成 \002
第二节 沉香之分类 \015
第三节 沉香之称谓 \032
第四节 沉香之历史与文化 \040
第五节 沉香之哲学 \048

目录

第三章 沉香投资与收藏 \097

第一节 沉香的市场价值分析 \098
第二节 沉香收藏和保养 \110

第四章 沉香演绎 \131

第一节 线香 \132
第二节 线香法 \136
第三节 篆香法 \139
第四节 空熏法 \144

第一章 何谓沉香

第一节 沉香之生成

沉香
英文名：Chinese Eaglewood
拉丁学名：Aquilaria agallocha (Lour.) Roxb.

一、什么是沉香

一直以来,人们对于沉香的探知仿佛都在似有似无之间。沉香的神秘和低调,令许多人看似接触到了它,却又似乎很难触及它的实质。沉香有着无数神奇的传说:它的神秘气场,它无可比拟的优雅气味,它深厚的历史、文化底蕴,一切都像一层薄薄的细纱,遮挡在渴望了解它的世人眼前,令它变得可望而不可即。

在世人对沉香的众多困惑中,其核心在于人们并不了解沉香究竟是一种什么东西。

从沉香的表面肌理来看,它类似一种腐朽的木头,其材质的感觉也接近于木质;从形态上看,沉香的形状各式各样、杂乱无章,但细细研究却觉得有规律可循;单拿一块出来,与木炭无多大区别,但内含油脂线,且分布规律;细细品闻,有着一种淡淡的、非常特别的、难以形容的幽香。

那沉香究竟是何物质?它被众人传颂的珍贵之处又何在?

在了解沉香之前,我们首先要了解一种特殊的树种——沉香树,也就是人们常说的白木沉香。

种植于越南的十年左右的沉香树

沉香树根据叶片的形状和大小有大叶、小叶之分。香农们认为小叶沉香树更容易结出黑油沉香，大叶沉香树更容易结出黄油沉香

第一章 何谓沉香

沉香树也称白木,属双子叶植物瑞香科,是一种常绿型乔木。在我国的主要生长地区是广东、广西、海南、香港、台湾等地。在国外主要生长在越南、马来西亚、印尼、菲律宾等东南亚国家。由于近年来的过度采伐,现在野生沉香树资源已经十分匮乏,沉香树已被列入国际保护树种,禁止砍伐和出口。

人们所知的沉香,就是这种沉香树在特殊条件下形成的。它是一种含有沉香树的木质成分和一种被称为"沉香醇"的油脂成分的混合物。沉香在中国古代被归为"木类",有"蜜木"、"香木"的称法,都是因为世人最初所得到的沉香就是开采自这种沉香树。但如果就此把沉香当做一种木头,那就大错特错了。沉香中虽然含有大量木质成分,但是沉香真正的核心价值并不在于其珍贵树种的身份,而是它所含的那种有着优雅香气的油脂——"沉香醇"。

已形成"沉香醇"的沉香树

二、形成沉香的条件

一块沉香的形成是需要极为苛刻的自然条件的，其中甚至包含着无数的机缘巧合。

1. 结香的先决条件——沉香树

能够结出沉香的沉香树有橄榄科、樟树科、瑞香科和大戟科这四大类。其中，瑞香科沉香树所结香品质最佳，且现在市面上见到的沉香也多为瑞香科沉香树所结。瑞香科沉香树的结香过程相当缓慢，加上其对结香条件的要求十分苛刻，因此香树能够结香的比例并不高。

瑞香科沉香树对生长环境的土壤、温度、湿度等要求很高，只适宜生长在温暖、潮湿的东南亚地区，且很难被移植到其他地方存活。同时这种树木质酥松，容易折断受伤甚至死亡，因此也很难适应风沙较大的自然环境。一旦所处的环境气温低于 -2℃，沉香树便难以生存。一棵沉香树想要结出品质较高的沉香，除了具备适宜的生

广东地区野生沉香树苗

存环境之外,还必须具备成熟且发育良好的树脂线,这通常需要成树数十年以上的香木。由于这种树木对环境要求苛刻,所以野生沉香树至多也只有一两百年的寿命。

野生沉香树产区之一——广东汕尾市海丰县莲花山

2. 复杂的结香过程——伤口加上长时间的醇化过程

当一棵沉香树具备了良好的结香条件后,它只是具备了沉香形成的前提条件。接下来,它必须等待自然界的各种机缘巧合给它一个结香的引导。

沉香树在受到诸如雷击、风沙侵伤、虫蚁噬咬、刀斧或动物伤害后,会形成伤口,但并非每个伤口都可以成为沉香树结香的引导。当这个结香口在短期内没有愈合,使得周围组织因受到细菌的感染而发生病变时,沉香树中的树汁作为树体的免疫系统开始发挥作用,为阻止木质组织病变形成的树体溃烂继续发生而变异形成一种膏状的油脂块,这种油脂块在以木质为载体的情况下会沿着沉香树的木质导管不断扩散,并在长时间的醇化反应后形成一种油脂和木质的混合物质,整个过程便是结香的过程。

被刀斧砍伤的沉香树

被蚂蚁咬伤的沉香树

3. 继续结香——香体的各种变化

沉香中的沉香油脂（沉香醇）是具有活性的，其特性会随着时间和所处环境的变化而不断变化。由此，沉香树伤口在成功结香以后，一般会产生以下几种情况。

第一种，沉香油脂依附于沉香木内部结香，活香树会提供沉香香体不断生长、扩散的各种条件（如载体、营养等）。因此，寄存在沉香木体内的沉香油脂会不断扩张，不断提高本身油脂质量。

刚从活体树上采摘下来的沉香，油脂活性大，生气重，湿气大

第二种，香体从沉香木中脱落，掉入泥水或土质环境中。此时，由于缺少树体提供的营养，香体会停止扩散，并且会根据环境的变化而变化（如外形、颜色），很多沉香会因此在长时间后变质或风化，最后消失。但是若脱落的香体本身含油达到一定的级别，外壳的风化有时候会起到保护内部油脂的作用，而受到保护的内部油脂就得以存留。

从香树脱落以后，受到风化至一定程度的土沉老香

第三种，香体所依附的沉香木最终死亡腐朽。残留树体内的香体会根据香木腐朽的不同情况继续生长一段时间或停止生长。但香体内部活性油脂依然得以保存一段时间，其中油脂含量较高的香会随着时间和环境的变化而不断变化其外观、形态，并形成各种香味。

在腐朽香木上继续生长、醇化的香体，表面多孔而易碎

一般而言，在香体尚未离开树体之前，随着成香时间的不断增长，香品品质也会不断提升。而脱离了树体或所在树体死亡的香体，其油脂密度、体积都不会再有提升，但香味本身还是会继续发生或好或坏的变化。

三、生香与熟香的区别

人们将仍然存留在活香树体内的香体称为"生香"、"生结"、"活香",将离开香树或者所寄存的香树死亡的香体称为"熟香"、"熟结"、"死香"。

"生香"和"熟香"一般通过木质外观和香味来区分。一般情况下,"熟香"比"生香"成香时间更长,且熟化的程度更高。因此,较之"生香","熟香"的发香时间更长,纯度更高,香味更加浓郁。但"熟香"也可能由于所处的环境影响,品质退化,所以也有"熟香"品质不如"生香"的情况。

"生香"和"熟香"在气味上有着比较明显的区别。"生香"的优点在于具有清新的甜味和凉味;缺点是往往带有一定程度的生涩气味,水分过多。"熟香"的优点在于其醇厚的蜜味和奶味,缺点是往往带有一定程度的霉味。

"生香"的"生涩味"主要是香体成香时间较短以及内部的水分未干,香脂的醇化程度太低所致(有些年头较长的"生香"便不会有此缺点)。"熟香"会产生霉味或者酸味,主要原因是"熟香"香体在泥沼中所处时间太长而含有过多杂质,以及香体内木质成分在环境中发生霉变。"熟香"优于"生香"的说法过于绝对,

生香油脂线明显、饱满,富含油点

因为不仅有许多开采的"熟香"品质太低,无法品香,而且许多脱离香树的"熟香"在被开采之前便已自然消失,所以"熟香"只是较"生香"更为稀少而已。

"生香"和"熟香"在外观上也有明显差别。从外观上看,"生香"由于油脂沿着木质导管扩散生长,所以其油脂线比较明显,木质成分也较突出,用刀去削,会有比较明显的木感。"熟香"因为生长时间过长,受不同环境影响较大,从外表看,油脂线不太突出,且一般质地较为酥脆,用刀去削,会有酥松感。

熟香

外壳风干,但内部油脂依然充满活性的"熟结"棋楠沉香

清理干净后的"红土"沉香

在品香的时候,对于品质较低的"生香",上炉熏热后不可用过高温度。"生香"的初香会比较"生涩",时间越久,其香味会愈发纯正。而在使用"熟香"之前,必须经过专业理香以清理其所含的各类杂质。无论是"熟香"还是"生香",都会含有较多的木质和泥质成分。通过清理,可以有效地去除其上炉后散发的泥土味和焦味。

第二节　沉香之分类

沉香的分类有多种方法，除了上节提及的"生香"与"熟香"的分类方法外，还有根据品质、产地、香味、形成方式等多种分类方法。

一、根据结香油脂好坏分类

《南方草木状》中有对一棵沉香树上不同结香情况的记载："木心与节坚黑，沉水者为沉香；与水面平者为鸡骨香；其根为黄熟香；其斡为栈香；细枝紧实未烂者，为青桂香；其根节轻而大者为马蹄香；其花不香，成实乃香，为鸡舌香。"

这段文字的大意是：木心部分坚硬而呈黑色、能沉水的叫沉香，浮于水面的叫鸡骨香，树根部结的叫黄熟香，斡部结的叫栈香，枝节处结的叫青桂香，根节处结的较轻且较大的叫马蹄香，开的花不香而结成果实发香的叫鸡舌香。

这段话对于沉香的分类是否准确暂且不表，但从中不难看出古人已经开始根据沉香形成的不同位置和香体品质的好坏来对沉香进行区分。《南方草木状》中这些关于沉香的称谓，有的沿用至今，有的已经根据现代沉香的理论体系而重新命名。

1. 树心油沉香

当一棵沉香树树体受到的伤害深达木质内部时，由于木质内部树汁充足、营养丰富，这一位置更容易结出颜色较深、油量较为丰富的树心油沉香。这种树心油沉香油脂线浓密，且大多为黑油，当油脂含量达到一定比例后会出现"沉水"的上品。树心油沉香在不同结香位置和时间、伤口大小和形状等外在因素的作用下，呈现出各种不同的形态。

树心油沉香

2. 边皮油沉香

如果树体伤口只能停留在树皮表面,难以直达树干内部,则沉香油脂就会沿着树皮表层导管游走并一直附着在树皮表面,形成薄片状的边皮油沉香。边皮油沉香往往结油较薄,难以形成厚实的香体,一旦加热,油脂很快便会挥发光。

边皮油沉香分为靠近木质部分的排油沉香和直接结在树皮之上的皮油沉香。

> 排油沉香和皮油沉香指的是沉香木边皮结香后的两面。排油沉香油脂纹理清晰,呈线状沿导管均匀分布;皮油为沉香木树皮上结出的油,一般呈树皮状纹理。由于沉香树皮表面很难结油,所以皮油较之排油更为罕见。

第一章　何谓沉香

边皮油沉香

沉香边皮排油面　　　　　　　　　沉香边皮皮油面

　　每一块沉香都会因其伤口结油处的位置、深浅的不同而形成独特的形状和品质，并随着时间和环境的变化形成特殊性质，最后体现出不同的质感，散发出不同的香气。这种独特性也正是沉香特有的魅力所在。
　　有时候由于香体所处的环境不同，哪怕是同一块沉香，不同的两个位置燃烧后散发的气味都会有所不同。

二、根据结香外形特质分类

沉香树不同位置可结出具有不同外形特质的沉香,也可据此分类。主要有以下几种比较典型的品种。

1. 板头沉香

当沉香树的伤口呈面状时(一般由于刀斧损伤、树体横向折断造成),大面积的伤口会导致树体结成外形较薄但油脂浓密的香体,这种形状、边缘不规则的扁平香体被称为板头沉香。

由于板头沉香伤口横截于树体,所以其油脂线并非沿着树体导管呈线状,而是如同导管横截面般呈点状、面状分布。

油脂线呈点状分布的板头沉香局部

板头沉香的面状伤口有时也坑洼不平,不同位置的导管结油长度更有所不同,因此造成香体在去除木质成分后往往呈鳞次栉比状。虽然这种形状的沉香与板头沉香结香原理一致,但一般香农并不称其为板头沉香,而是根据其高低不平的特殊形状称其为山形沉香。

第一章 何谓沉香

呈鳞次栉比状的山形沉香

根据板头沉香油脂的浓密程度和熟化时间的长短，通常将其划分为"铁头"、"老头"和"板头"三个等级。

顶级黑油海南"老头"沉香

薄薄的板头沉香多产于中国广东、海南等地区。

沉香树枝节处折断时，折断处结出香体包裹住木质成分，形成一种油脂包木质的突起形状的香体。在越南，这种沉香被称为突沉，越南语为 Trầm lõi，意为从树体中突出的一种沉香香体。

小突沉

2. 壳子香

由于树体不规则处受到面状伤害而结出一层薄薄的壳子状香片,这种香体被称为壳子香。壳子香一般呈壳片状,根据结香年头和油量高低也有等级之分。

壳子香结香原理与板头沉香相似,但是由于断面凹凸且香体薄,所以形成其特殊的壳子状。

芽庄壳子香

3. 虫漏

沉香树受到虫咬而结出的香体被称为虫漏。通常以一个虫眼为伤口，虫子横向或斜向于沉香树导管咬出一条虫道，沉香油脂以虫道为中心形成一个螺旋状香体。

虫漏会形成非常独特的造型。

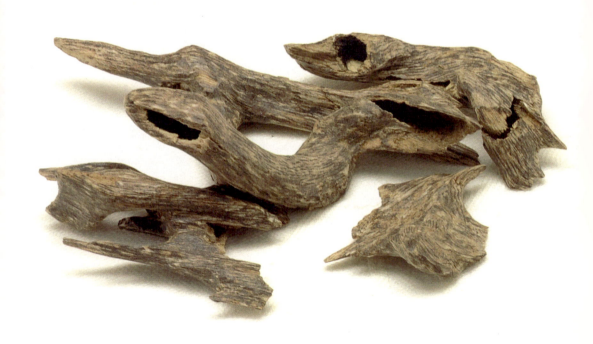

野生虫漏

第一章　何谓沉香

虫漏最明显的特征在于每一块虫漏上都可以找到至少一个虫眼。

人工虫漏并非由虫子咬出虫眼，一般使用钢条打出虫洞，所以虫眼较大，香体因为结香时间较短而油脂较少，香味也远不如野生虫漏。

人工虫漏

三、流传于市场的沉香常见分类方法

1. 倒架沉香

"倒架"一词来源于香农采香时的一种特殊情况：沉香香体存于香树之内，而香树早已死亡，卧倒于泥土或沼泽之中，香树的木质成分在各类微生物以及环境的综合作用下腐朽、风化，香体不腐不朽而得以保存。其形状如同卧倒的架子一般，所以称为"倒架"。

现市面常见的倒架沉香

如果倒架沉香的由来真如香农所说，那其应属于一种特殊的、较为罕见的熟香。作者未亲眼见到倒架沉香的形成，难以判断沉香是否有这种特殊存在形式。而如今市面上常见的倒架沉香一般以生香为主，多数为大块生香去除木质成分后剩余部分形成的一种特殊形状的香体。

现市面常见的倒架沉香

香农用钩刀去除香体木质成分

2. 水沉香

水沉香，也称水纹沉香、水格沉香，是源自香农的一种称谓，主要是指香体脱离香木后进入潮湿的泥地、沼泽中，熟化后形成的沉香。水沉香一般颜色偏黑，由于水分保护，其香体风化并不严重，因此即便是熟香，其油脂纹路依然清晰可见。水沉香质地硬、韧，香体一般较为厚实。

印尼老料水沉香

3. 土沉香

土沉香是一种熟香。当香体脱落或香树自然死亡时,香体落入含水分较少的干泥中;随着时间的推移,香体逐渐风化、熟化,形成疏松多孔的质地,这种沉香被称为土沉香。

土沉香表面的颜色会根据土质及其所含杂质的颜色发生变化,所以也有"红土"、"黑土"的叫法。

土沉香根据其不同的熟化程度、风化程度,会有不同的外在形态。风化程度较低的,外表依然坚硬,香体厚实。风化程度较高的,表面通常多孔,具有酥脆的质感。

老料土沉香

4. 蚁沉香

蚁沉香也是由于虫咬、蜂叮而形成的香体,类似于虫漏,但蚁沉香一般指的是那种油脂等级更高、年头更久的沉香。从香气上来区别,一般将甜味更重、香味更加醇厚的称为蚁沉香,而将香气凉味更重的称为虫漏。蚁沉香由于甜味重,也常被称为蜜香。

越南中部广南省所产蜜香

5、棋楠沉香

芽庄绿棋楠

今生得品棋楠韵，三世善缘始修得。

世人谈到棋楠，总是特别向往。因为世人很少能感受到棋楠的香味，所以总是觉得它特别神秘。

棋楠是什么？其实最早沉香中没有棋楠的称法。后来将沉香细化后，将那些品质尤为出众、香味更加富于变化的沉香称为棋楠。

棋楠是最高级别的沉香，油脂极为丰厚，品质也有沉水和不沉水之分，一般呈"软丝"状，即用指甲去刻画，是柔软、腻手的，像一丝一丝黏合在一起。虽然也有"糖结"、"蜜结"等质地十分坚硬的棋楠，但一般以"软丝"棋楠为佳。

棋楠多为绿油，黑油、黄油也有，甚至还有红油、紫油。根据油色的不同，可将其划分为绿棋楠、紫棋楠、黑棋楠、黄棋楠等。

第一章 何谓沉香

呈"软丝"状的棋楠碎料

海南黑棋楠

海南黑棋楠局部

海南黄棋楠

海南紫棋楠

第一章 何谓沉香

不同品种的棋楠有着不同的香味。与其他沉香相比,棋楠因成分复杂、油脂丰富,上炉之后的香味更富于变化。一般品香者依据棋楠加热后不同阶段散发出的不同香气将品香划分为"初香期"、"本香期"和"尾香期"三个时期。

棋楠富于变化的香味特质加上特有的棋楠韵味,使得棋楠成为品香中的极品。关于棋楠的产地,说法较多。一般而言,越南和我国广东、海南都产棋楠。

关于棋楠的好坏也是众说纷纭,有认为绿棋楠最佳的,也有称白棋楠最佳的,还有称黑棋楠最佳的。作者认为,对棋楠好坏的区分要细化至每一块棋楠,绝不能泛泛而谈。

关于棋楠的形成,并没有一种特别权威的说法。通常认为,棋楠由普通沉香淬化而来,即一块沉香经过时间、环境、伤口等多重因素的综合作用,在各种机缘下不断地变化,不断地提炼自身,最终达到一种特殊形态。

> 棋楠形成的环境说:只有特殊的产区(如惠东、芽庄等)中的沉香树才会结出棋楠香,因此产棋楠的沉香树是一种特殊的存在。此说法亦默认棋楠属沉香的一个"亚种"。
>
> 玩香爱好者通常把沉香逐渐演变达到棋楠品质的过程称为"淬化",即一块沉香在自然界中经过反复磨砺,多次受伤,不断去杂存精,最终发生质变而炼化成为棋楠的过程。

与大多数沉香采香后形态稳定不同,棋楠因所含的油脂比例过高,质地较软,非常容易变形。一般品质好的棋楠,内部油脂含量要远远高于外部。

棋楠富含油脂的横截面

第三节 沉香之称谓

沉香雕件·魁星点地，独占鳌头

沉香的称谓很多，五花八门，有些称谓源自中国古代典籍的记载，有些则是我国台湾、日本香学专家的创造性使用，有些是香农采香时的俗称，还有一些甚至是商家宣传时为哗众取宠而刻意为之。纷繁芜杂的称呼，也是沉香知识体系庞杂，难以被人熟知的重要原因之一。

一、我国古代沉香的各种称谓

1. 根据沉香的特点命名

除了"沉香"这个最广为人知的称谓以外，古时中国人曾根据沉香的特点对其命名。

① 由于沉香入水能沉，因此称沉香为"沈香"（"沈"通"沉"，意为沉水的香），并由此衍生出"沈木香"、"沈水香"、"沉木香"、"沉水香"等称谓。

② 由于沉香带有甜蜜的香味，有时能够吸引蜜蜂等昆虫来咬，因此也常称沉香为"蜜香"、"蜜香树"、"木蜜"、"木蜜香"等。

> 其实从沉香的命名规则不难看出，我国古时将真正沉水的香才称为沉香，而对品质无法达到沉水的香冠以其他名字。
>
> 《铁围山丛谈》："香木，初一种也，膏脉贯溢，则其结沉实，此为沉水香。……沉水香过四者外，则有半结半不结，为弄水沉、弄水香者，番语名婆菜者是也。"这段文字表明在古代已经将沉水和不沉水作为标准来评价沉香的好坏了。
>
> 与现代命名不同，古时一块沉香唯有入水即沉，才能被称为"沈木香"、"沈香"。即便到了现在，沉水与否依然是评价一块沉香好坏的重要标准。前面说过，沉香内部所含的物质主要是沉香木质成分和沉香油脂成分。而沉香木质成分酥松脆弱，密度很小，是一种浮水的木头。因而，决定沉香是否沉水的最重要因素在于这块沉香所含油脂成分的多少。
>
> 由此到了商业市场上，"沉水"成了衡量一块沉香市场价值的重要指标。"沉水"的沉香与"不沉水"的沉香价格有时可相差数倍以上。

藏品级老沉香雕件·如意

2. 根据沉香的品质命名

中国古时的许多典籍中，会根据沉香品质的不同而将其分成三六九等，再冠以不同的称谓。

晋代嵇含编撰的《南方草木状》，约于公元304年成书，记载了生长在我国广东、广西等地以及越南的植物，是我国现存最早的植物志。书中根据结香的位置不同将沉香分成八个品级，分别称为"蜜香"、"沉香"、"鸡骨香"、"黄熟香"、"栈香"、"青桂香"、"马蹄香"、"鸡舌香"。

《南方草木状》中这些对于沉香的称谓只是当时的称呼。很多称谓到了现代已经停用，或用在了别的香料上。

宋朝蔡绦所作的《铁围山丛谈》将质地紧密、结实的沉香香块称为"沉水香"，并根据形成方式的不同分为四种：自然条件下凝结而成且质地结实、紧密的香体，称为"熟结"；因为所在的木质腐朽而脱落的香体，称为"脱落"；由于人类用刀斧砍伤树体而凝结在伤口附近的香体，称为"生结"；由于虫子咬伤树体而在伤口附近结出的香体，称为"虫漏"。当时的"生结"和"熟结"与现今所指不同。

除了"沉水香"之外，有些香体不太密实，半结而半不结，被称为"弄水沉"、"弄水香"；也有人因为这种香颜色发褐，且不太厚实，称其为"鹧鸪斑"。另外，"弄水香"中也有些油脂较好、密度较高、接近"沉水香"的香体，但是因受到雨水侵袭而气味辛烈，这种香被称为"水盘头"。较好的"水盘头"也被称为"栈香"。

古时所谓之"水盘头"，大致与今日广东地区香农所言之"水纹香"相当，概香体表面具黄油，香味辛烈，油脂含量较高，纹理较明显。

产自我国香港地区的"水盘头"

《铁围山丛谈》中也指出:"沉水香"、"婆菜"、"栈香"经常指一棵树中结出的不同品质的香,关于它们的各种称谓、叫法也有很多。通常不同地方,称法不同,很难统一。

宋代《本草衍义》中记载的岭南(两广、海南全境)沉香有"角沉"、"黄沉"、"青木"、"黄蜡沉"、"龙鳞"等称法。海南地区所产好香,俗称"角沉";在枯木中采得的香体,称为"黄沉";木皮中结出的香体,叫做"青木";从泥土中挖出的香体,称为"龙鳞";放入嘴中咀嚼如蜡的香体,称为"黄蜡沉"。《本草衍义》的分类比较杂乱,其中称"黄蜡沉":"咀之柔韧者尤难得也。"从文中猜测,"黄蜡沉"可能指的是现在海南地区的黄棋楠。

《南越志》(南朝沈怀远撰写)中记载了古时越南和我国广西地区所产沉香。其中将沉香分为"沉水香"、"青桂香"、"鸡骨香"、"马蹄香"、"栈香"。其区分标准大致与《南方草木状》相同,只是在划分"鸡骨香"时认为其因形状类似鸡骨而得名。

南宋古籍《桂海虞衡志》中亦有对沉香的记载。其中因沉香能沉于水而称其为"沉水香"。该书同时将两广、海南地区所产的沉香称为"土沉香",意为本土所产之沉香。

> 此处"土沉香"与前文中划分沉香形成方式中所称"土沉香"不同。前者中"土"与"南洋沉香"之"洋"对应,意为本土所产;后者则是指沉香于土中熟化并被开采。

另外,关于沉香还有一些有趣的说法。相传古时广东地区一般由男性入山采香,后由女性负责理香。清理后的香一般由女性保管,她们将最好的沉香挑选出来,紧贴胸口至市集以换取胭脂水粉,沉香也因此得名"女儿香"。在清代学者所编著的《本草纲目拾遗》中,沉香也被记为"女儿香"。

沉香摆件·弥勒(鹤香喻藏)

二、目前我国市场上沉香的各种称谓

沉香文化由于历史上有过断层，所以很多有关沉香的称谓到现在都没有保留下来。如今市场上关于沉香的称谓大多源自我国台湾、福建，也有广东、广西及海南地区保留下来的称谓。

现在市场上对沉香的称谓比较多、比较杂，现列举以下比较普遍的叫法。

根据沉香取得时不同的生存状况可分为"生香"和"熟香"，或称"活香"和"死香"，也称"生结"和"熟结"。

根据形成条件的不同，将沉香称为"倒架"、"水沉"、"土沉"、"蚁沉"、"虫漏"。

根据产地不同，大体上可将沉香分为"会安系沉香"和"星洲系沉香"。

"会安系沉香"是指国内沉香（广东、广西、香港、海南、云南等地所产沉香），以及包括越南、老挝、柬埔寨在内的亚热带地区国家所产的沉香。

"星洲系沉香"是指以印度尼西亚群岛和马来西亚岛为主要产地的，包括印度尼西亚、马来西亚、菲律宾、文莱、新加坡、巴布亚新几内亚等国家所产的沉香。

"会安系沉香"根据产区不同，又可为"琼香"（海南沉香）、"莞香"（广东沉香）、"香港沉香"，以及越南的"芽庄沉香"、"富森沉香"、"广南沉香"、"岘港沉香"、"会安沉香"等。

"星洲系沉香"也可根据产区不同而细化，如"达拉干"、"加里曼丹"、"东马"、"西马"等。

作者认为，简单地将国内沉香归为"会安系沉香"并不合适。首先，国内包括两广、云南、海南在内的沉香历史上便极有渊源可循；其次，虽然国内沉香与越南沉香在香味上都以甜味、凉味著称，但两者还是有很大的区别，可以说各成一系。

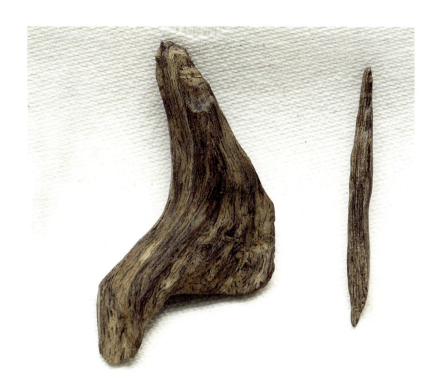

我国香港紫棋楠

棋楠是最高级的沉香,在香味、甜味、凉味、奶味各个方面都要远高于一般的沉香。"棋楠"一词并非来自汉语,最早属佛教用语,唐代时被称为"多伽罗";到了宋、元时期,又被写成"迦阑香"和"伽蓝木";后来慢慢变音,最终被写成了"棋楠"或"奇楠"。

第四节 沉香之历史与文化

中国香文化有着源远流长的文化历史,几乎和华夏文明同时起源。从最早有文字记载开始,中国香文化作为中华文化的精髓部分就已经登上了历史舞台。

一、我国古代的沉香文化

中国的香文化经历了从最初只作为祈求上苍保佑的祭祀活动,到后来把香料融入熏香、配香、点香、洒香、沐香等日常活动,再到以香料入茶、入药、入纸、入墨、入扇、入酒等艺术行为化的发展过程。它不仅见证了中华民族悠久、灿烂的历史文明,更在其中留下了浓墨重彩的一笔。

香席的布置

第一章 何谓沉香

沉香

　　与中国博大、悠久且无处不在的香文化相比，沉香的历史和文化要显得简短、小众得多。这种香料虽然被冠以"香冠"之名，但它却不如其他香料那般融入世俗生活的方方面面。自古以来，它就作为一种珍贵、罕见的自然资源，被掌握在极少数权贵手中，被世俗生活所憧憬。换言之，沉香所代表的文化自古以来就是一种奢侈的贵族文化，它流传在中国古代权贵、富豪、文豪、居士所组成的上流社会中，是寻常百姓、世俗生活根本无法触及的。如此一来，沉香自然而然地被赋予了一种独特的神秘感和尊贵气质，在中国香文化的历史上展现着其优雅和高贵的生命力。

　　中国人民是从何时开始使用沉香的已无从考证。由于早期的中华文明主要发源于黄河、长江流域，相关的文字记载也都集中于此，再加上沉香对于温度和湿度的要求极其苛刻，导致其只能生长在亚热带气候的边陲地区（现广东、广西、海南等地），所

熏香成为中国文化符号之一

以在汉代以前，中国古籍中都没有使用沉香的相关记载。因此，当时南方大部分地区居民是否已经在使用沉香很难得到确实的考证，不过从现在包括广东、海南等地区所保留下来的开门燃沉香木的习俗来看，沉香似乎很早以前就或多或少地和这些边陲百姓们形成了一种共生的默契。

中国的香文化到了汉代已经具备了相当的规模。随着生产力的发展和国家版图的不断扩张，香文化的影响力已经扩展到两广和海南等边远区域。同时，丝绸之路打通了中原地区和西域的交通，海上交通也初具规模，使得一些盛产香料的边远地区（我国海南和两广地区、越南北部以及当时的南洋诸国）所产的香料得以进入中原文化发达地区。由此，沉香文化开始进入中国香文化之中。

沉香作为一种油脂性香料，具备与其他木本、草本香料不同的特殊性，且沉香香味高雅，韵味深厚，原料稀有、珍贵，与中国主流的佛、道、儒学思想很好地结合到一起。同时，由于沉香从边陲偏远地区进入中原核心地区需要经过长时间运输，导致沉香成本增加，再加上沉香采集和整理需要消耗大量的人力、物力，因此沉香多作为地方对中央的贡品，寻常百姓难以接触，沉香的尊贵性和神秘感得以体现，受到了汉代统治阶级的喜爱。

第一章 何谓沉香

有关沉香的文字记载最早出现在《西京杂记》中：汉成帝永始元年，宠妃赵合德赠与赵飞燕的贺礼中包含有"沈木香"。"沈木香"是早期对沉香的称谓之一，从名称上来看，"沈木香"的大意为"可沉入水中的木头"。东汉杨孚的《异物志》中有"木蜜"的记载。"木蜜"亦是古时对沉香的一种称谓，从字面上看，大概是指沉香香味甜、凉，带有蜜感。从最早对沉香的称谓中不难看出，沉香被人所认知的特点主要还是"入水可沉"和"香味甜、凉"两点。

到了魏晋南北朝时期，中国香文化的发展进入成熟期，香料也已开始作为药材而被广泛使用。此时人们也逐渐意识到沉香作为一种中药材的珍贵性，其药用价值开始受到重视和追捧。当时很多古籍中开始有了药用沉香的记载。

世人对沉香的认知也上升到理性认识。晋代嵇含编纂的《南方草木状》中记载了大量中国南方植物的特性，其中便有描述"蜜香"（沉香）特性的文字。南朝著名医学家陶弘景认为沉香可以"疗恶核毒肿"。但是由于沉香资源珍贵，市面上较为稀缺，所以一直没

沉香融入了王室贵胄的生活中，也由此有了"香中之王"的美誉

有作为药材大范围使用。

到了隋唐时期,佛学文化和香炉文化的鼎盛也加速了沉香文化的发展。在宗教方面,沉香由于其结香形式的特殊性——形成于自然巧合之下,暗合佛教机缘造化之说,再加上沉香香气清雅,燃烧时烟气青白,直上云霄,使得沉香在许多宗教中被称为可与上苍沟通之圣物。

同时,隋唐时中国强盛的国力和发达的水陆交通满足了沉香被大量开采、运送的各方面条件。沉香的使用和文化也在一定程度上得到普及。

沉香从隋唐时期也被大量用于当时盛行的奢靡用香之风中。

沉香从隋代开始被用于木质建筑之中,建造沉香亭、沉香阁。沉香不仅可帮助木质结构驱虫、防腐,还可以使建筑内部有一种优雅的香味。据记载,唐明皇国舅杨国忠在建造自己的宅邸时,在建材中奢侈地大量使用沉香。

在这一时期,中国的沉香文化开始影响周边地区,并随着唐代香文化流传到日本,受到日本主流文化的欢迎。现保存于日本奈良东大寺正仓院中的日本国宝级香"兰奢待"(らんじゃたい)便是一块黄熟香。

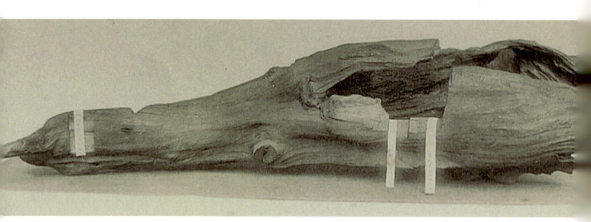

兰奢待

到了宋明时期，香文化随着儒学文化的进一步发展而不断壮大。沉香除了仍在宫廷中使用之外，也成为当时文人雅士文化生活中使用的顶级香料。

当时文人之间盛行焚香、烹茶、挂画、插花等多种高雅精致的艺术生活，被称为"文人四艺"。其中，沉香焚烧时散发的那种高雅、清幽的气息被众多文人雅士所推崇，成为一种高端的精神享受。诗词界也有了不少咏香的作品。宋明时期的沉香文化所代表的不仅是奢华和尊贵，同时也是文人雅士对超凡脱俗的精神境界的一种理解。

苏轼就有诗形容沉香燃烧时的样子："岂若炷微火，萦烟袅清歌。"

周邦彦也在《苏幕遮·燎沉香》中写道："燎沉香，消溽暑。鸟雀呼晴，侵晓窥檐语。"

到了明清时期，随着生产力和运输力不断发展，沉香的开采和使用量也不断增加。沉香开始被各个阶层大量使用，可以说明清时期的沉香使用达到了最繁荣的阶段：从皇帝的饰品，到贵胄的玩件、权臣的朝珠，再到富豪所用的线香、塔香、香囊、香带等。也是在这个时期，对沉香的开发到达顶点，以海南、云南、两广为主产地的国内沉香开始稀缺、匮乏。

鸦片战争和提倡西学是中国传统文化传承的一个断点。它从社会人文和历史传统等多方面对许多国学造成了巨大的冲击。香文化也在此时受到了巨大的影响。

中国社会对沉香的理解从鸦片战争时期开始断层，由于战乱和大量的财富外流，精致高雅的沉香逐渐淡出世人的生活。中国的香文化由此开始没落。

二、现代沉香文化

中国香文化在唐朝时便传入日本，沉香文化在明朝时传入日本，在日本逐渐发展成为现代的日本香道。后来日本香道率先被中国台湾所接受，又从中国台湾进入中国大陆。

国人对于沉香的价值缺乏认识。大量的沉香资源在20世纪中后期被日本和我国台湾商人以囤买形式采购。国人虽一直保留着沉香入药的习惯，但使用的多为品级较低的香料。在文化上，香席活动渐渐消失，国内沉香势弱，包括越南、老挝、柬埔寨、印度尼西亚、马来西亚等国家的沉香几经辗转后，大量流入国内。中国传统的沉香文化体系也受到日本香道的影响，原本用于品香论道、抒胸明志的中国香席被以精致礼仪为表现形式的日本香道所替代。同时与沉香有关的知识体系也多以日本体系为主，其中包括等级划分、命名、产地等。

日本香道中精致复杂的品香器具

第一章 何谓沉香

进入21世纪后,特别是近年来,沉香的市场价格疯狂飙升。抛开众多商业因素,主要原因在于沉香资源匮乏,尤其是代表中国传统沉香文化的国内沉香,几乎被开采殆尽,剩余部分也因受到国家保护而禁止开采。

另外,香文化再次被世人关注也使沉香作为"香料之王"的文化价值得到进一步提升。

沉香文化到了现代,已逐渐被世人曲解成高昂的市场价格和收藏价值。

沉香简单地变成了一种收藏投资品,受到了世人广泛的关注,但这种关注究竟是来自商业炒作还是文化炒作,这样的关注又是否是沉香之幸,则不得而知。

印尼沉香

第五节 沉香之哲学

一、低调、内敛、超脱于世俗

作者有一位亦师亦友的朋友,是一个研究香文化的老者,对沉香亦有很深的了解。一次他从广东高价买回两块沉香,因忘带钥匙,加上携带不便,便将其中较大的一块香材搁置在办公室门口,自己离开取钥匙。期间又发生一些事,他匆匆忙于其中,良久后才想起那块沉香还丢在门口。朋友深知办公室门口人来人往,生怕沉香已被人顺手牵羊,便急忙回去取香,到了办公室门口才发现,那块香材还是好好地放在那里,连位置也没有被人移动过。

一块价值堪比黄金的沉香被丢在门口却无人问津,这个故事成为笑谈。谈及此事,作者深以为乃沉香朴实无华的外表掩盖了其内在的价值。

外观与朽木无多大区别的沉香

还有一个广为流传的沉香故事：从前，有一个富翁父亲，非常疼爱自己的儿子，他为自己的儿子建造了一艘大船，希望儿子能游历四海，领悟大道。

富翁的儿子驾着大船来到了大洋外的一个岛上，他在岛上发现了一种神奇的木头，这种木头入水能沉，并且会散发出一种优雅的香味。富翁的儿子非常高兴，用船装了很多回家。

沉香雕件·人生富贵（奇木香堂藏）

回到家后,富翁的儿子拉着一大车这种木头来到市集,希望能把这些木头卖一个好价钱。但是他却失望地发现,人们根本对他的木头毫无兴趣。而旁边卖木炭的小贩却很快将一大车木炭卖光了。

富翁的儿子非常生气,一怒之下将一车木头全部烧成了木炭,第二天拉着木炭去市集叫卖,于是他的木炭很快就卖光了。富翁的儿子大彻大悟:原来不能一味坚持自己的想法,而是要想办法迎合市场。

于是他把这件事情告诉了他的父亲,富翁听后流下了眼泪。原来,儿子拉回来的一车木头并不是朽木,而是一种价值连城的香料,叫做沉香。

作者由此想起西方有这样一句谚语:不要通过一本书的封面来评判它的内容(Don't judge a book by it's cover.)。

没有人可以完全解释清楚一块沉香是如何演变成它现在的样子的,它的外表显得简陋、粗制,但它却蕴含着丰富的内在。它无可替代的药用价值,它独一无二的清幽香味,完完全全隐藏在它那朴实无华的外表之下。

低调、沉稳之美,与世无争的姿态,厚积薄发的幽香,也许才是造物赐予沉香最具魅力的品格!

二、祛而不灭，暗合大道

沉香是否含有巨大的气场？如果有，是一种什么样的气场？沉香爱好者们一直津津乐道于这些关于沉香气场的问题。由此衍生出的传说和个人经历也有很多，其中真假难辨，但却含有哲理。

作者曾听一名资深沉香玩家说过这样一个故事：这位玩家有一次在一位藏家家中做客品香，当时参与品香者数人，其中有一位女士脸色苍白，显得极没有精神。藏家问其原因，该女士道：因经期不调导致身体欠安，昨夜有轻微血崩。藏家闻言微笑，去房内取出一棋楠，交于女士手上，令其捧于下腹处。随后众人并未在意，继续品香。良久后，玩家朋友惊奇地发现适才脸色苍白的女士面部渐渐红润，原本萎靡的精神也逐渐好转，直至神采奕奕，他大为惊讶。藏家道：棋楠本有气场，其气场可与人体交流，感人之身体不适，调阴阳不协，补中气不足。

这个故事确有些神奇，难免有夸大的嫌疑，但作者还是相信沉香确有气场一说。作者觉得：沉香树招虫，沉香却可驱虫；沉香树易腐易烂，但沉香不腐不坏。一块沉香无论其油脂比例多高，始终含有木质，但是许多沉香在山野中、泥泽中，它的油脂若在，它本身就不会腐坏，虫蚁不食、野兽不食，其确有神奇之处。且沉香的形成与大多数其他物质不同，沉香因伤而生，形成于病痛之中，但它形成之后，对伤害其母体的虫蚁、细菌却并不以伤害为目的，祛之而不灭之，暗合大道仁慈为怀之理，以感化、教化而非祛除、破坏为目的。作者每每思及此处，深感造物主之神奇，沉香的形成确含天理，因此认为沉香确实是有气场的，而这种祛而不灭正是沉香的气场所在。

第一章 何谓沉香

沉香雕件·老子问道（鹤香喻藏）

附录一：古代典籍中关于沉香的记载

《南方草木状》

《南方草木状》："蜜香、沉香、鸡骨香、黄熟香、栈香、青桂香、马蹄香、鸡舌香，案此八物，同出于一树也。交趾有蜜香树，幹似柜柳，其花白而繁，其叶如橘。钦取香，伐之经年，其根幹枝节，各有别色也。木心与节坚黑，沉水者为沉香；与水面平者为鸡骨香；其根为黄熟香；其幹为栈香；细枝紧实未烂者，为青桂香；其根节轻而大者为马蹄香；其花不香，成实乃香，为鸡舌香。珍异之木也。"

《铁围山丛谈》

《铁围山丛谈》："香木，初一种也，膏脉贯溢，则其结沉实，此为沉水香。然沉水香其类有四：谓之熟结，自然其间凝实者也；谓之脱落，因木朽而自解者也；谓之生结，人以刀斧伤之而后膏脉聚焉，故言生结也；谓之蛊漏，因伤蠹而后膏脉亦聚焉，故言蛊漏也。自然脱落为上，而其气和；生结、蛊漏，则其气烈，斯为下矣。沉水香过四者外，则有半结半不结，为弄水沉、弄水香者，蕃语名婆菜者是也。因其半结则实而色黑，半不结则不大实而色褐，好事者故谓之鹧鸪斑是也。婆菜中则复有名水盘头，水盘头结实厚者亦近乎沉水香，但香木被伐，其根盘必有膏脉涌溢，以涌溢故亦结，但数为雨淫，其气颇腥烈，故婆菜中水盘头为下矣。余虽有香气，既不大凝实。若是一品，号为笺香。大凡沉水、婆菜、笺香此三名尝出于一种而每自有高下，其品类名号为多尔，不谓沉水、婆菜、笺香各别有种也。三者其产占城则不若真腊，真腊不若海南黎峒，又皆不若万安、吉阳两军之间黎母山，至是为冠绝天下之香，无能及之矣。"

《本草衍义》

《本草衍义》："沉香，岭南诸郡悉有之，旁海诸州尤多。今南恩、高、窦等州，惟产生结香。沉之良者，唯在琼崖等州，俗谓之角沉。黄沉乃枯木中得者，宜入药用。依木皮而结者，谓之青桂，气尤清。在土中岁久，不待剔而成结,谓之龙鳞。亦确创之自卷,咀之柔韧者,谓之黄蜡沉,尤难得也。然《经》中止言疗风水毒肿,去恶气,余更无治疗,今医家用以保和卫气,为上品药,须极细为佳。今人故多与乌药磨服,走散滞气,独行则势弱,与他药相佐,当缓取效,有益无损。余药不可方也。"

《南越志》

《南越志》:"交州有蜜香树,欲取先断其根,经年后,外皮朽烂,木心与节紧黑沉水者为沉香。浮水面平者为鸡骨。最粗者为栈香。日华子云:沉香,味辛,热,无毒,调中,补五脏,益精壮阳,暖腰膝。去图经曰:沉香、青桂香、鸡骨香、马蹄香、栈香同是一本。旧不着所出州土,今唯海南诸国及交、广、崖州有之。其木类椿、榉,多节,叶似桔,花白。子似槟榔,大如桑椹,紫色而味辛。交州人谓之蜜香。欲取之,先断其积年老木根,经年其外皮干俱朽烂,其木心与枝节不坏者即香也。细枝紧实未烂者,为青桂。坚黑而沉水,为沉香。半浮半沉与水面平者,为鸡骨。最粗者,为栈香。又云:栈香中形如鸡骨者,为鸡骨香。形如马蹄者,为马蹄香。"

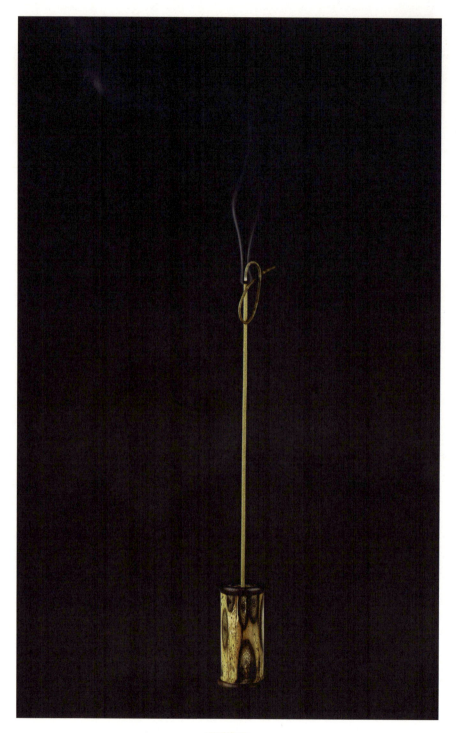

沉香线香

第二章 品香

第一节 沉香与品香

洒金香炉

一、品香

1. 品香的作用

品香活动，指的是香友们（闻香爱好者）聚集在一起共同品评香气的活动，有人称之为"香席"（注重品香过程中的相互交流），有人称之为"香道"（注重品香过程中的仪式和规矩），有人称之为"香艺"（注重品香过程中的艺术化表演）。

品香活动主要通过嗅觉来实现。人体的嗅觉系统（嗅神经系统和鼻三叉神经系统）感知空气中的气味分子，然后通过神经细胞将气味分子造成的神经刺激传送至大脑，从而被人体所感知。

> 中医认为气味可以通过人体经脉进入人体各部位，从而产生影响人体内在系统的作用。因此，好的香气具有调气血、通经络、排毒素等作用。与之相对，坏的香气会破坏人体内在平衡，导致人体健康受损。

通常很难用语言直接形容我们所闻到的气味，当我们闻到一种气味时，我们一般通过本能的感受来判断：香或者臭。而如果被问及更为详细、深刻的感受，我们只能借助经验或者记忆中的其他事物来表述。例如，如果我们闻到类似丁香或玫瑰散发出的香气，我们就会说这是丁香味或这是玫瑰香味，但是我们很难不借助丁香、玫瑰这两种事物来形容气味。

气味的这种特点也就形成了品香活动的独特之处。人们会凝神聚气，安定心神，细细感悟所闻到的气味，然后更多地通过想象力、创造力，以及对以往事物的认知来形容所闻到的气味带来的感受。在这种品味过程中，品香者就会达到全心投入、抛除烦恼、忘却琐碎的忘我境界,身心也会得到放松。

品香者在分辨香味时,一般会凝神静气,细细品味香味中的不同

品香活动的这种特点令其给香友带来的感受更加富有韵味。香气所带来的享受也能更加长久地保留在人们的记忆世界和内心感悟中。

由此品香活动就不再单纯是品味香气,当一些思想睿智、感悟丰富的人聚在一起品香时,香友们不仅能达到感官愉悦,相互之间更会形成一种思想的碰撞、一种感悟的交流、一种想象力的融合。所谓品香问道由此而来!

"香气养性观"自古就有,古人认为好的香气不仅芬芳宜人,而且可以祛秽致洁、调和身心、陶冶情操。儒家思想中一直就有香能够养性的说法。《荀子·礼论》曰:"刍豢稻粱,五味调香,所以养口也;椒兰芬苾,所以养鼻也,……故礼者养也。"

香席的布置

2. 品香环境

品香需要确保一个良好的品香环境。良好的品香环境必须具备如下几个条件。

① 安静。品香最忌嘈杂，嘈杂的环境会影响品香者的心情，令品香者无法专注于香味带来的感觉，容易造成心神不宁，难以感觉到香味的细微变化。

② 无味。选择一个没有任何杂味的品香环境十分重要，特别是品香环境中不要出现化学、化工的香精气味。如果环境中有许多杂味，就会影响品香时香味的纯正。

③ 通风条件合适。在品香过程中，空气的流通不要太通畅，以确保香味不被吹散。在品完几款香之后，应适当通一下风，保证下一次品香时香味的纯正。

在准备好品香环境之后，接下来就可以召集香友开始品香活动了。

3. 适合品香的香料

根据品香活动的特点，品香时在香料选择上应注意以下几点。

第一，选择纯天然的、香气宜人的香料。化工合成的香料不仅香味生硬、呆板，闻久了也会令人生腻，而且对人体还有相当大的危害。天然香料也要选择那些能散发出令人愉悦的香味的香品。

第二，品香时所选择的香料要耐闻、耐熏，富有韵味。许多草本、木本的香料初闻十分好闻，但香味缺少变化，没有韵味，品香过程中对香气的感受也太过直观，无法满足让人凝神静心、细细品味的需要。而且此类香大多适合生闻、浅闻，加热后难免会出现焦味，并不适宜熏香。

第三，选择干净、干燥的香料。杂质和水分都会影响香气的品质。尤其是沉香，上炉细品之前必须经过理香，去除杂质，晒干水分，否则不仅会影响香气，而且浪费资源，须知每一块沉香都是自然造物的结晶，来之不易。

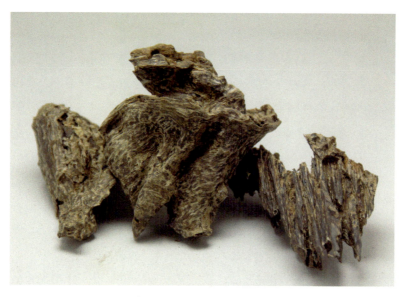

适合品香活动的香材——沉香

以下几种香材较适合品香活动使用。

(1) 沉香

作为内含油脂发香的一种香料,沉香十分符合品香时对香品的要求。沉香香味富于韵味,耐熏耐闻,或浓烈、或清幽、或甜美、或醇厚,且沉香会因结香时间、环境的不同产生诸多不同的香感变化,令人流连于其香味之中。因此,在品香活动中,建议香友们以沉香作为品香的主香料。

沉香可作为品香使用的主香料

(2) 檀香

檀香是一种半寄生性植物,生长极其缓慢。与沉香是油脂发香不同,檀香本身便具有浓烈的香味。在品香前,点一支檀香不仅可以去除环境中的杂味,而且可达到"洗鼻"的作用。檀香的香味特点明显,与沉香香味相辅,淡淡的檀香气味不会影响沉香香气的品质。

檀香木

> 檀香一般用"老山"、"新山"来区分香体的年份,购买时应注意。"印度檀"、"澳檀"和"东加檀"一般指的是不同产区的檀香。品质最好的"印度老山檀"味道清幽、淡雅,甜味饱满。"澳檀"、"东加檀"较之则更加浓烈。

(3) 降香

降香是一种散发香味的乔木,其木材本身便可散发出清幽宜人的芬芳香气。由于沉香甜味重,长时间品香多少会带来腻感。在品香过程中增加一些降香,不仅可以解除长时间闻同一种香味带来的嗅觉疲劳,给人焕然一新的嗅觉感受,更具有提神的功效。

黄花梨碎料

著名的珍稀红木"黄花梨",学名为"降香黄檀",属降香的一种。黄花梨芯材有一种清新的酸香味。购买一些碎料放置于密封瓶中,生闻便会闻到清幽的香气。

这里罗列的品香材料只是冰山一角,旨在抛砖引玉,为读者做个建议。本书重点介绍与沉香相关的内容,因此所罗列香品也均与品评沉香有关。

4. 品香的过程

（1）流程

选择志同道合的香友共同参与品香是品香活动的关键。品香不仅仅是品味香气，还需要相互之间进行交流。

当确定好香友之后，首先，在众香友中选择一名经验丰富的人士作为"香主"。"香主"负责"制香"，将香料制成香气，感受不同香料发香的方式和时机，以便在香味散发最为合适的时候传递到香友面前；同时，"香主"还要表达自己对所品香的理解，以引出与香有关的话题，带领各位香友进行交流。总之，"香主"是整个品香活动主题、节奏的掌控者，因此"香主"不仅要具有丰富的香学知识，对所品的香料有足够的了解和感悟，还必须是一个能言善辩、才华横溢之人。

选择好香主之后，众位品香人士围聚在一起。由香主做香，并传递给香友，香友依次品味香气。此时可谈及内心感受，如对香味的感觉、对香的认识及过往的经历等；也可以将此感悟留成墨宝，相互传阅，相互馈赠，以为纪念。

> 品香时，香友之间的距离不宜太远，过远势必影响相互交流和氛围的建立；但也不宜太近，须知品香的过程也是人与香之间气场的交流，尤其是品味沉香，更是需要为品香者留出足够的空间感受香的气息。

品香重要的是身心放松，全情投入与香的交流之中。这样才能体味到古代文人雅士追求的超凡脱俗的至高境界。若能配以悠扬的古琴声，辅以沁人心脾的好茶，则更是美事一桩。

（2）品香的仪式

品香活动由来已久，自然有很多规矩和仪式，特别是在日本香道中，"香主"同时也是表演之人，"制香"的过程也是一种传统的仪式表演，观之令人肃然起敬。但品香过程同样也可以文化交流为主题，从而简化烦琐仪式，达到自我自在，如古代文人的"香席"活动，"香席"讲究的是"净心契道、品评审美、励志翰文、调和身心"的"品香四德"，重在内在心灵的感化和精神世界的感悟，通过品香达到放松身心、去除烦恼的目的，其中形式自然可有可无。

另外，还有包括中国自古流传下来或现代编排的诸多"香艺"表演。感兴趣的香友可以观看"香艺"表演或参加一些香学知识讲座，为品香活动增添乐趣。

> 香艺与茶艺相对，指的是一种以香为主题的文化表演，旨在令观众在感受香的魅力的同时欣赏到美轮美奂的艺术表演。

美轮美奂的香艺表演

宋代青瓷香炉

（3）香器具

中国文化博大精深，香器、香具也大有学问。精美绝伦的香器具不仅可以为品香活动增加韵味和视觉享受，同时也是品香环境的装饰和点缀。

中国历史上产生过许多著名的香器具，包括红极一时、享誉世界的明宣德炉，极具特点的古老青铜器博山炉等。

第二章 品香

明宣德炉（狮耳铜炉）

品香者应当注意，无论是仪式还是器具，都不可刻意强求。可以观赏到古典、优雅的香艺表演和精致、细腻的香道表演固然是好，能够选择精美、古朴、有着丰富历史底蕴的传统香器具用于品香活动更是锦上添花，但须知品香活动的目的并不在于追求物质上极致的精美和享受，更不该将主要精力与时间花费于这些外在的资源上。就品香而言，人们寻求的是这一活动带来的宁静与超脱，如果过于拘泥于外物，岂非本末倒置？

二、沉香在品香活动中的作用

前文谈及作为"香气之王"的沉香十分适合品香活动。下面具体介绍沉香在品香活动中的作用。

香气之王——沉香

1. 沉香是一种极具保健价值的天然香料

沉香自古就作为一种珍贵药材受到重视,其药性为辛、苦、温。

中医称其可"归脾、胃、肾、肺经",具有补气、暖精、活络经脉、上通下行的药效。

《本草纲目》中记载:"治上热下寒,气逆喘息,大肠虚闭,小便气淋,男子精冷。"

另有《海药本草》记载:"主心腹痛、霍乱、中恶、清神,并宜酒煮服之;诸疮肿宜入膏用。"

有关沉香做药在诸多中国古典药书中均有记载,在此不一一赘述。因沉香药性温而不烈,具有保健作用,所以品香时便有了调养身体的疗效,契合了"品香四德"中的"调和身心"。

2. 沉香是品香交流的载体

沉香作为香料最为特别之处,就在于其香味的特殊性。沉香香型多种多样:不同的产区、不同的生成方式、不同的形成时间会令沉香散发出诸多不同的香味,且这些香味大多有着令人愉悦的品香感受。

沉香这种多样的香味构成增添了沉香的神秘感,这种神秘感会带给不同的品香个体不同的香味感受,从而带来多种多样品香时的乐趣。香友们通过分享对同一款香的不同体会达到相互交流、求同存异直至抒发情感、表达志向的目的。

3. 沉香具有凝神静心的作用

沉香多样的香味需要人静下心来细细品味,这使得它具有显著的凝神静心的效果。另外,它沉稳、清幽的香气极具安神的效果。熟悉它的香味的人一闻到这种气味,便有一种获得平和的感觉,因此沉香也可以用来使人安睡。在品香过程中,通过品味沉香能使人消除浮躁的心情,更容易令人达到"净心契道"的境界。

沉香的香味是变化且稳定的：首先，沉香香味富于变化，尤其是棋楠，其变化有着明显的分界点；但同时沉香的香味也很稳定，它被用在许多高端香水中作为定香剂。这种变化和稳定之间并不矛盾，变化指的是沉香在加热时，它不同时期的气味随着它挥发出的油脂成分的不同而给人不同的感受；稳定是指沉香的发香成分十分稳定，散发香味时始终保持统一基调，即便在燃烧时也不会出现过于突兀的变味。

花有花语，香亦有香语。然而沉香与其他诸香不同，很难赋予它一个恰当的形象。有时候，它像一个威武王者，它的香味有一种舍我其谁的霸气；有时候，它像一个仁慈的老者，用它的温和与淡雅给予人安心。品味沉香时需要品香者静心凝神，如此才能深切感受到沉香香味中的美妙世界。品香时，沉香的"沉"指的不再是"入水可沉"，而是内心的沉静和沉稳。

香炉

第二节 沉香之香气感受

一、沉香香味中的主味

沉香的香气主要分为如下几种味道，并可由此区分其优劣。

1. 甜味

沉香既然被称为"蜜香"，甜味自然首当其冲，甜味可谓沉香最重要的感官感受。不同的沉香所具有的甜味也有所不同：甜味偏清者会在发甜味的同时产生一种清幽之感，如果细细去感受香气走向，会感到香流从鼻腔进入后悠悠直上，有种甜感冲上头顶直达百汇的感觉，令人闻后立刻有精神为之一振的愉悦感受；甜味偏浊者则更具蜜感，令人感受到香味沉稳、踏实，甜感醇厚，入鼻后香流并不上行，转而凝聚于鼻腔后部，具有令人口中生津、心神宁静的作用。

一般而言，琼香、莞香甜味较清，尤其是产自深圳、香港一带的莞香；越南香甜味较浊，尤其是产自越南芽庄一带的，蜜感甚足。清、浊并无好坏之分，纯凭个人喜好。

2. 乳香味

沉香一般具有不同程度的乳香味，常与甜味相伴。乳香味也称沉香的"奶味"，是一种柔和、浓郁的油脂香气。一般而言，产自印尼的沉香奶味较浊，偏向于乳味和脂香，比较浓郁、厚重；而国内沉香和越南沉香奶味相对较淡，且奶味中常带有熟坚果的醇香。

产自越南的沉香以甜味闻名,沉香树在结香前会吸引大量喜甜的蚂蚁前来咬噬

3、清凉味

沉香会带凉味,这种凉味一般伴随甜味一起发挥,类似薄荷散发出的清凉香气。细细品味,会感受到香气进入鼻腔后在舌根部、喉上部等位置产生丝丝清新的凉意,令人有通鼻、醒神之感。甜、凉两味相互交融,凉味隐于甜味之后,清幽舒爽,淡淡体现,给人以品香的愉悦感。

4. 果仁味

一般好香（尤其是国内沉香和越南沉香）在品香的尾香期会表现出浓郁的果仁气味，这种香气凝聚在鼻中久而不散，令人有食欲大振的感觉。

一般沉香不上炉加热很难闻到其果仁味，但也有例外者，如惠东地区所产之棋楠在常温下也可闻到果仁味，其中隐隐带有药味，所以也称为"人参味"。

5. 花香味

沉香的花香味是一种融合了沉香的"凉味"和"甜味"的气味，因香气像花朵散发出的清新香味而得名，有时又类似于青草香气。产自我国香港地区的沉香多有这种独特香味。

6. 辛麻感

沉香香气中的辛麻感一般出现在品质较高的沉香或者棋楠中。辛麻感严格来说并不是一种嗅觉感受，它更接近触觉感受。咀嚼好沉香时口腔会有一种麻辣的感觉不断扩散，棋楠更甚。好沉香尤其是棋楠在加热后会散发出一种带有丝丝辛麻感的特殊气味，这种气味往往被香友们称为"棋韵"。这种辛麻感也是辨别好沉香和棋楠的重要标志，其中海南所产的沉香以其强烈的辛麻感而闻名。

二、沉香香味中常有的异味

1. 酸味

与沉香的甜味相对，有些沉香燃烧后会带有一些酸涩的香味，这种酸涩的香味多来自加热后的星洲系沉香，因此星洲系沉香也有适宜生闻而不适宜上炉的说法。例如，马来西亚沉香在燃烧时一般会散发出酸涩味。

2. 腥臭味

相对于乳香味而言，有些沉香闻起来有腥臭味。由于沉香是油脂发香，星洲系沉香的油脂香味更具动物性香气，因此有些星洲系沉香在一定的形成条件下会带有类似于动物粪便的腥臭味，此类沉香尤以产自巴布亚新几内亚的巴布亚沉香为代表。

3. 霉味

产生霉味的主要原因是熟香没有清理干净，或采完的香含水量太高，油脂含量太低，保存不善所致。许多熟香由于所处环境的问题，内部所含杂质太多，也是产生霉味的主要原因。

4. 生凉味

品香时需要区分清凉味和生凉味，生凉味不同于清凉味，它的凉气较浓，初闻便非常明显，且不随甜味而走，甚至掩盖甜味，闻之不仅不会有醒神之感，猛吸一下，大脑反而会有发晕的感觉。生凉味除了香料本身原因外，有时也因为生香年头太短，或者香料中含水分过多导致。生凉味往往伴随着涩味。

> 品香时需要区分沉香香气中的清凉味和生凉味，常有卖家拿次品沉香的生凉味来冒充上品沉香的清凉味。一般令人愉悦的凉感才是好沉香的味道。

三、不同产区沉香的香味特点

沉香有许多不同产区,如前文提到的"琼香"指的便是海南沉香;"莞香"指的是广东所产沉香,尤以东莞产区为主。沉香的产区及分布多且杂,其中又夹杂着许多历史和商业因素,所以沉香的产区及分布难以很详细、系统地统计出来。

在解析不同产区的沉香的不同特点之前,先来熟悉以下几个业内专用名词。

1、正产区和偏产区。

产区指的是出产沉香的不同地方,一般以产地附近的城市名命名。例如,产自越南芽庄市附近的沉香一般用芽庄沉香命名,产自广东东莞市附近的沉香以东莞沉香命名。也有一些直接以产地命名,如产自海南五指山区尖峰岭的沉香便被称为尖峰岭沉香。沉香产区一般在野外深山中,因此并非所有沉香产区都有相近的城市或地名给予称呼。另外,不同产区沉香都会有不同的特点,随着时间推移,在香友心目中的那些有名产区的沉香所特有的香气便成为这一产区的标志。根据这些特点便形成了正、偏产区之分。

例如,产自芽庄附近、具有芽庄典型香味的沉香被称为芽庄正产区沉香,而产自芽庄相对偏远地区、具有芽庄香气特点、但并非十分典型的沉香被称为芽庄偏产区沉香。

> 我们也经常会听到"这个'达拉干'香味很正"、"这个'马尼恼'香味较偏"之类的说法。这指的正是这块沉香是否符合典型的该产区沉香所具备的香味特点。

2. 名产区和集散地。

沉香和酒、茶一样，也有一些有名的产区，但这些产区有些出产沉香；有些或许曾经产过，但现在已经不产；有些或许从来就不曾出产沉香，而是以沉香集散地的形式存在着。

这里举个比较有名的例子：越南会安沉香。

会安沉香的大名或许香友们都非常熟悉，会安是越南中部岘港以南大约三十公里的一个古镇，如今正发展旅游业。会安是越南图本河的入海口，过去是一个小型的港口城市，集结了大量欧洲及亚洲的水手。而这条河流经越南广南省大片山区，这片山区恰好出产沉香。因此，越南广南当地香农经常将挖到的沉香通过河流运送至会安进行交易，由此会安成为沉香的一个集散地，会安沉香也从此处被各国水手带至世界各地而名扬天下。

> 会安之名与福建惠安同音，相传是古时福建水手到达此处定居，以家乡之名命名而得。现会安古镇依然保留了大量妈祖文化遗迹。

不产沉香的沉香圣地——越南会安古镇

流经多片沉香产区的河流——越南图本河

在介绍完这几个名词后,下面详细介绍不同产区沉香的特点。

1. 国内沉香

(1) 莞香

莞香原本是指东莞附近所产沉香,现在多指产自广东省的沉香。广东省一直以来都有使用沉香的习惯,并且自古就把香农作为一种职业。"香农"指的是以采香为业,靠卖香收入维持生活的人。

> 现广东省电白市东诸镇有世代从事香农行业的传统。但如今野生沉香树的砍伐已被国家明令禁止,加上资源匮乏,这一行业也受到前所未有的冲击。

莞香的主要产地有东莞地区、惠州地区、深圳南部地区、香港地区、汕尾等。除香港地区外,现在广东已经很难找到野生的沉香资源。

沉香产区——广东汕尾海丰莲花山

莞香最大的特点就是有清甜味，特别是在燃烧之后，香气十分甜蜜清幽，芬芳宜人，尤其是香港、深圳产区所产沉香会带有特有的花香型气味。莞香在上炉熏香后会散发出浓郁的果仁香味，且发香时间十分长。野生莞香如今已十分罕见，很难找到结油密实的大块香体，结香多以板头状为主，黄油、黑油均有。在惠州产区、深圳产区与香港产区均产有棋楠。莞香棋楠初香辛、麻、凉，本香甜凉清幽，尾香转为浓郁的果仁香气。

（2）琼香

琼香指的是海南地区所产沉香，多产于海南中部山区，最负盛名的产区为海南五指山产区，其中又以尖峰岭和霸王岭所产沉香最为出众。

海南沉香自古就有"香气天下第一"的美誉。海南沉香的香味与莞香类似，燃烧后的清幽甜蜜之感加以熏香时馥郁的坚果香味。与莞香相比，琼香的香味更加纯正，而香味的扩散力则略有不足。另外上品海南沉香带有浓烈、霸气的辛麻之感，这是莞香所没有的，尤其是棋楠级别，嚼之尤为麻辣，乃棋楠韵味之最。

> 海南沉香以辛麻著称，据说是因为产区常年受海风影响。沉香的油脂中多少会带有辛麻味，海南产区的水土环境令这种味道特别强烈。

（3）广西、云南沉香

广西、云南地区亦产有沉香，但现在市面上并不多见。从香气上讲，这类沉香也以甜味为主，上炉熏烧转入本香及尾香后，会有果仁香伴随，其中品质优良者会带有淡淡的药香味。

2. 会安系沉香

这里会安系沉香主要指的是越南沉香，同时也包括柬埔寨、老挝等地所产沉香。有些香友将国内沉香划为会安系沉香，原因在于国内沉香和越南沉香都以甜、凉两味为主。但作者认为，越南沉香和国内沉香在香味上还是有明显不同的，国内沉香甜味更清，而越南沉香甜味更浊，因此本书中将两者分开介绍。

（1）芽庄沉香

芽庄位于越南中部偏南，是沿海城市，有着越南第一产区的美誉，越南流传有"一芽庄，二富森"的说法。芽庄沉香最重要的特点就是甜味强烈，尤其是干料，在没有水分的情况下，可散发出如蜂蜜般的香甜气味，而且这种甜味往往会在鼻腔内凝而不散，极富韵味。

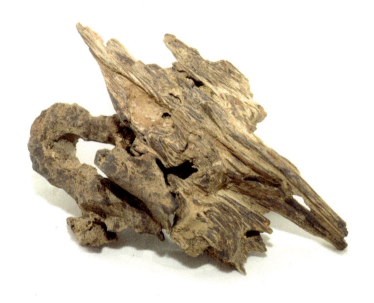

甜味最佳的蚁沉香

另外，芽庄沉香也以出产绿棋楠而出名。芽庄绿棋楠上炉加热后，初香为凉味和辛麻味，本香为甜味及凉味，尾香转为干果香气，层次变化明显，乃品香之上品。

（2）富森沉香

富森，也称富山，音译自越南语，富森山脉是越南中部一条南北走向的山脉，也是多产沉香之地，产有著名的富森"红土"沉香。

富森"红土"是一种土沉香，由于香体所落入的土质为红色土质，使得香体在其中长久存放后颜色转为偏红色，故称为"红土"。

富森地区土质均为红土

富森"红土"虽然是近些年才出现的品种,但是由于其香味极佳,能将熟香醇厚的甜蜜感发挥得淋漓尽致,同时尾香飘逸,凉而不涩、甜而不腻,因此成为仅次于棋楠的品香佳品,价格高昂。和大多数土沉香一样,富森"红土"外表多孔,质地酥脆,但偶尔也有能沉水、密实的佳品。

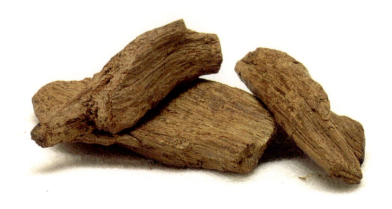

富森"红土"沉香

(3) 顺化、岘港和西贡沉香

越南还有一些二线产区,如顺化、岘港,所产沉香也以甜、凉两味为主,但比之芽庄、富森所产沉香,香气稍显酸涩,甜密度不高。西贡,即越南胡志明市,其本身并不产沉香,但却是非常著名的沉香集散地,现在多数越南沉香都在西贡香市交易。

3. 柬埔寨与老挝沉香

柬埔寨与老挝出产的沉香也称"菩萨"沉香和"高棉"沉香。"菩萨"指的是柬埔寨菩萨省,所产沉香香气接近越南沉香,但是品香时香气品质略有不足,价值也比越南沉香低。柬埔寨北部靠近越南产区所产沉香香味甜、凉,蜜味较淡;南部产区所产沉香有近似马来西亚沉香的酸涩味,品质较北部有所不如。老挝沉香与越南沉香相似,香味甜蜜、凉甘。品质略优者上炉后会有香甜、辛麻的香气,香农便称其为老挝"蜜棋",但多数老挝沉香比之越南沉香香气要淡得多。越、老边境所产沉香也不如芽庄、富森等地所产沉香。

4. 星洲系沉香

星洲系沉香主要包括印度尼西亚、菲律宾、文莱、马来西亚、新加坡以及巴布亚新几内亚所产的沉香。

相传远古时代，亚历山大大帝的后裔乌塔马王子在海上航行时，船被暴风雨刮到现在的新加坡岛上。在岛上，王子看到一头怪兽，浑身赤红色，头部的毛黑亮，胸前还有一撮白毛。随行人员告诉王子这是狮子，王子便把这个不知名的小岛称为"新加普拉"，也就是狮子的意思。由于这个小岛很小，所以也被称为"星洲"、"星岛"。

星洲作为沉香集散地而闻名遐迩，由此将周边多国沉香称为星洲系沉香。目前全世界使用量最大的沉香还是星洲系沉香。星洲系沉香产区较多，下面介绍几个具有代表性的沉香产区。

（1）达拉干

达拉干是星洲系沉香产区中公认的一线产区，位于印度尼西亚加里曼丹岛东北部。达拉干产区很小，因而出产的沉香也十分稀少，但是通常会产出品质很高的沉水沉香，且能出现大块的香材。达拉干地区所产的沉香香味十分出众，不用燃烧加热就会散发出浓郁的甜味和奶香，尤其奶香十分浓厚。同时，达拉干沉香带有星洲系沉香中少有的清凉感。

（2）马尼恼

马尼恼产区位于达拉干北部，也是十分有名的一线产区。马尼恼沉香香味浓重，且香气持久、绵长，与达拉干沉香香气较为接近，若细细品味，仍可感觉到有所不同，尤其是入鼻后香气的乳味厚重感，要高于达拉干沉香。

（3）安汶

安汶，也译为安鹏，是位于印度尼西亚伊利安岛和苏拉维西岛之间的一个小岛。安汶产区虽小，但所产沉香品质甚高。安汶沉香香味浓郁，优质者甜、奶味出众，现该产区所产沉香也已较少。

（4）加里曼丹

加里曼丹沉香是印尼沉香一个标杆性质的存在，通常以加里曼丹沉香的价格来衡量印尼沉香的市场行情。前文所提及的达拉干、马尼恼均位于加里曼丹岛上。加里曼丹岛是印尼的一个大岛，物产富饶，盛产沉香，但近年来品质较高的加里曼丹沉香也已罕见。加里曼丹正产区所产沉香香味出众，以奶香味为主，燃烧后香气虽略带青涩，但依然清香宜人。

（5）伊利安

伊利安岛与加里曼丹岛相似，也是印尼沉香的著名产区，产量较丰，香气也是以奶味为主；但伊利安沉香的香气与加里曼丹沉香又有很大区别，伊利安沉香的清香味更淡，奶香味更重，乳味偏腥，泥土气味和油脂香味很浓。

（6）马来西亚及菲律宾

近年来由于越南沉香资源匮乏，一些沉香商人将菲律宾和马来西亚所产沉香带到越南冒充越南沉香出售。马来西亚和菲律宾沉香产量很高，价格相对低廉，且香味也有相似之处。但是较之越南沉香的本味甜、凉，马来西亚和菲律宾沉香还是有很大不同的，其香味更加厚重，香感下行，远不如越南沉香清幽，更比不上国内沉香，而且往往带有很重的酸涩味，品质远不如越南沉香。

> 马来西亚分为东马来西亚和西马来西亚，所产的沉香也分为"东马"沉香和"西马"沉香，两者从产区上并无太大差别，主要还是看香材本身的品质。

（7）文莱与巴布亚新几内亚

文莱是东马来西亚岛上的一个小国，亦产沉香，所产之沉香常带有药味，且生涩味较浓，属二线产区。巴布亚新几内亚所产沉香也称巴布亚沉香,产量颇丰,但品质一般,且价格相对低廉,品质出众的巴布亚沉香也会有浓郁的奶香味,但有时也会出现腥臭味。

  沉香的产区众多,有些产区甚至都没有名字。况且,即便是同一产区,在不同的时间、不同的地点所产的两块不同的香多少也会有一些香味差别;而即使是同一种香味,一万个人的心中也有一万种感受。因此,想要阐述所有产区沉香的香味特点确实是无法做到的。但无论如何,对沉香香味的品评和归类,应该始终怀有一颗探寻的心。每一块沉香都有其特有的香味。每一块沉香,其成香的原因、形成的地点、成香后的变化,都是独一无二的。所以,每一块沉香的香味背后都有一个机缘巧合的奇妙故事。

老料加里曼丹沉香笔筒(鹤香喻藏)

第三节　正确用香

沉香是造物的结晶,每一块都来之不易。对于一个沉香爱好者而言,如何正确使用沉香,也是一门很大的学问。如何利用好每一块沉香,将其香味发挥至最优,需要香友们细细研究,这里提出一些意见,以供参考。

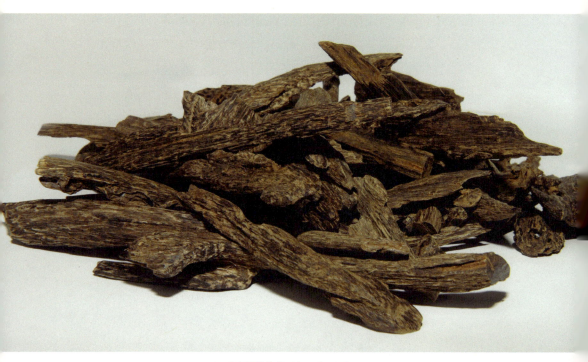

品香也要学会尊重每一块沉香

一、理香

1. 钩料

当拿到一块沉香时,必须学会如何理香。一般市场上所卖的沉香都是经过香农处理的,但也不排除有香农从山上采回来的原材。如果拿到的是一块从原木上截取下来、尚未加工的原材,那么就必须学会用钩刀。

钩刀

弯型钩刀一般为采香所用,直型钩刀一般为理香所用。

使用钩刀时必须仔细将每一处的木质剔除干净,不要钩去过多的油脂,也不要留下过多的木质。

> 在钩除木质的过程中,钩下来的所含木质居多、油脂极少的木屑叫做沉香钩丝。钩丝根据其含油量的多少也有好坏之分,好的棋楠钩丝同样价值不菲。钩丝不可浪费,同样是非常好的熏材。

刚刚挖出、未及处理的土沉香

香农们席地坐而理香

2. 选料

要学会判断得到的香材是干料还是湿料,是老料还是新料。最好选择干料,如果是湿料,就必须放于阳光下晒干,这样在品香时才能尽可能去除水汽,但也会因此损失不少重量。要选择老料，老料香味更稳定，因为其中的杂质相比新料要少得多。老料沉香颜色更暗淡，外壳如有包浆，油色更黑，生闻几乎没有气味。

3. 保存

要学会保存香料，不要将沉香放在高温的环境中，因为过高的温度会加速沉香油脂的挥发；但也不必将沉香放到冰箱中，因为冷藏多少会导致异味和串味。不要将不同产区的沉香放在同一个密封罐中保存，尤其是粉末和碎料，很容易因串味而令香味不正。沉香不宜在过湿的环境中保存。有些商家为了不降低沉香的重量而往沉香上面喷射水雾，虽然水雾不会影响沉香的质量，但是含水量过高的沉香本身就会影响香气。不要接触化学物质，如洗手液、洗发水等，否则会直接损坏沉香。不要存放于有明显异味的密封环境中，沉香较容易吸收环境中的气味。最好在无味的密封环境中保存，如放置在无味的密封罐中。

4. 配香

在品香时，有时候可选择搭配不同的香品来达到香味互补的，目的。例如，可以将年份不足、生涩味稍重的芽庄沉香搭配以富森红土熟香，这样不仅不会掩盖芽庄沉香的甜味，而且可以弥补香材本身生涩味过重的缺点。不同的配比会令人产生不同的品香感受，香友们可尝试不同的组合，不仅可配出宜人的香气，也会增添品香过程的乐趣。

也可自己配制香粉制作线香，材料不必局限于沉香，将沉香作为主香料，再搭配其他香料，也可做出香味出众的线香来。

二、香尽其用

1. 收藏

如今好的沉香材料已经十分稀缺了,尤其是密实的沉水材料,现在国内几乎已找不到可沉水的香材,而越南可沉水的香材也已是千金难求。因此,假如得到沉水的良材,可千万不要效仿中东香友,丢入火中一烧了之(据称中东地区的沉香商人一般收购大批量的统料沉香,从不区分香材的香气好坏、油脂品级,等到了祭祀活动时全部丢入火中燃烧)。香友们应对香料进行区分,合理利用,须知好的香材是有巨大的升值空间的。

造型具有艺术美感的虫漏

随形达拉干雕件（品香堂藏）

2. 熏材

针对一些碎料,可将其打碎成粉或者直接用于香熏。将材料充分打碎成粉的缺点是熏香时香气挥发较快,熏香时间过短,而且香粉容易结块烤焦,所以要学会控制香炉的温度;优点是香粉不仅可熏,还可以打香篆用明火点燃或制成线香。碎料熏材直接上炉熏品的优点是可延长熏香时间且香味更加纯正,缺点是无法充分利用香材。

香粉

熏材

3. 钩丝

针对沉香钩丝,熏香、泡茶、泡酒都是有效的使用方法。

钩丝

玩香者须知：好香要充分利用，切不可暴殄天物。

第二章 品香

沉香雕件·济公（品香堂藏）

附录二：古代典籍中关于沉香药用价值的记载

《别录》："疗风水毒肿，去恶气。"

《海药本草》："主心腹痛、霍乱、中恶，清神，并宜酒煮服之；诸疮肿宜入膏用。"

《日华子本草》："调中，补五脏，益精壮阳，暖腰膝，去邪气。止转筋、吐泻、冷气，破症癖，（治）冷风麻痹，骨节不任，湿风皮肤痒，心腹痛，气痢。"

《珍珠囊》："补肾，又能去恶气，调中。"

《纲目》："治上热下寒，气逆喘息，大肠虚闭，小便气淋，男子精冷。"

《医林纂要》："坚肾，补命门，温中、燥脾湿，泻心、降逆气，凡一切不调之气皆能调之。并治噤口毒痢及邪恶冷风寒痹。"

《本草再新》："治肝郁，降肝气，和脾胃，消湿气，利水开窍。"

《药品化义》："入肺、肾二经。"

《本草经解》："足少阳胆经、足厥阴肝经、手太阴肺经。"

第三章 沉香投资与收藏

第一节 沉香的市场价值分析

一、沉香投资历史

沉香的买卖自古就有，在描写宋代繁华都市的绘画长卷《清明上河图》中，就可以看到香市已经形成规模。但将沉香作为一种投资收藏品，在国内市场的形成还只有近十年时间。

印尼加里曼丹直径27厘米沉香手串

将上好的沉香材料做成圆珠的行为自古就有，但从未像现今这般形成商品化、市场化、标准化的规模。

据广东老一辈香农所称，进山开采沉香是祖辈传承的职业，所挖到的沉香资源就像农民种植的粮食一样被运到市场出售，多数作为药材、香料被出售到药行、香料店之中，其成交的价格是非常低廉的。对香农而言,所挖到的沉香只要换回足够生活的费用便可,很少会有香农把它当做投资品保留下来。由于当时国人并没有对这种稀缺资源有投资、收藏的意愿,因此根本不存在沉香的收藏大家。而此时国内主要的沉香资源,包括莞香、琼香及云南、广西沉香均为广东香农所开采,品质稍差的直接在本地消化,其中佳品则被卖至我国香港,再通过我国香港出口各国。

相比我国大陆对沉香收藏的后知后觉,日本和我国台湾的收藏家们已经开始认识到这种稀缺资源的宝贵收藏价值。日本和我国台湾藏家早在20世纪80年代便开始从越南采购沉香材料,除去供其市场消耗所需的部分,大量的香料以投资形式被保留下来。由此在21世纪初期,沉香收藏刚开始被众人所熟知并接受时,其资源的主要拥有者均为我国台湾、日本商人。由于这些商人手中资源大多为越南沉香,是故在当时最被投资市场看好的就是越南沉香,有些人甚至并不知道国内也出产沉香。

越南芽庄随形沉香手串

> 越南的西贡在当时是最有名的沉香集散地，据说当时一块好香一旦问世，便立刻会有日本、我国台湾商人前来竞标购香，所以好沉香根本不会流出西贡。

随着我国大陆商家对沉香的认识渐渐加深，对沉香的投资意识也越来越浓，渐渐形成了一定规模的投资市场。日本和我国台湾商家早期收购的一些沉香便以翻倍的价格被我国大陆商家所购买。最先被购买的是品质较优的越南沉香，由于出价较高，越南的香农、商家也乐于将沉香从日本、我国台湾市场转入我国大陆市场；在此过程中，沉香的价格也不断飙升，资源供不应求。而越南沉香数量有限，好的棋楠几乎无法找到，投资者们便开始寻找除越南沉香以外的好的沉香资源。台湾人最早开始投资印尼沉香。印尼作为沉香的高产量产区，其资源的丰厚程度要远高于越南，且能产出大量香体厚实的高品质沉水货，因此也受到了投资市场的欢迎。另外许多越南的香农、沉香商人也开始去菲律宾、马来西亚寻找沉香，以代替越南沉香。

> 越南国内几乎没有沉香市场，囤货量也很少。少数囤货的商家大多以出售赚取利润为主要目的，并没有投资收藏的理念。因此，大多数沉香的最终市场仍然是中国。

在国内，福建莆田地区由于世代从事雕刻行业，对珍稀材料的收藏较为敏感，且与台湾地区的通商有天然的地理优势，因此福建商人最早开始从事沉香资源的投资，但其投资的多数为越南、印尼等国外沉香。广东地区由于本身就是产区，再加上许多广东人家族世代为香农，所以对沉香的了解更深，对沉香的投资相对国内其他地区较早，广东商人所收藏的沉香一般以广东、香港、海南地区的沉香为主。

近两年来沉香的价格呈现出两极分化的态势，一部分沉香价格走低，另一部分则价格飙升。主要原因一方面是市场对于沉香的认识度越来越高,也越来越成熟,所以早期投资市场的高利润开始走低,趋向合理;另一方面,品质出众的野生资源已经严重匮乏,数量稀少导致价格居高不下,且不断飙升。由此,品质较差、数量较多的沉香价格有走低趋势,而品质出众、资源稀缺的沉香价格便不断走高。

印尼达拉干沉香雕件·蝉

二、沉香的价值评估

1. 疯狂的沉香市场

优质野生沉香如今的市场价值可用疯狂来形容,且还在不断攀升。十年前以每公斤数万元的价格便可购得的棋楠香现如今的市场价格可达每公斤近千万元。除棋楠香外飙升最快的就是红土沉香,红土沉香的价格依据品质可达每克上千元至几千人民币。

沉水沉香的价格也是飞速增长。越南沉水沉香材料的市场价格接近每克 1000 元人民币,是黄金的数倍。而品质较好的印尼沉水沉香也可达每克 600~800 元人民币。

千金难求好香,此言真是一点也不虚。

2. 沉香的价值

沉香如此昂贵,它的价值究竟何在?通常来说,如果一件事物具有高昂的收藏价值,那它必须受到普世价值的认可,这个价值可以来自它所蕴含的历史文化附加值,如出土文物、名家字画和工艺品等;或者来自它本身材料的稀缺性,如黄金、钻石、翡翠等难以再生或消耗速度远远大于再生速度的自然资源。但无论是哪一点体现其价值,都必须受到世人的普遍认可,那沉香是否有收藏价值呢?

第一,沉香确实是一种稀缺的、难以再生的自然资源,尤其是优质沉香,再生的速度非常缓慢,且生长要求极为特殊。而且沉香的消耗很大,沉香不同于黄金和钻石,价值主要体现于流通,沉香本身有很高的使用价值。它作为药材入药和作为香材品香的消耗都是巨大的;它具有极高的保健价值,可以日常使用,如泡茶、泡酒、日常佩戴、闻香等,这也是沉香资源不断减少的重要原因。

第二,沉香具有文化附加值。沉香具有很高的宗教价值,它是世界三大宗教所共同认可的圣物。基督教《圣经》约翰福音第十九章提到,沉香是基督诞生之前,三位先知带来的三大宝物之一(沉香、沉药、乳香);佛教中将沉香作为可与上界沟通的香品,视其为圣物。在宗教之外,沉香在历史上多有被作为珍稀材料使用的记载,其文化价值的深厚性可见一斑。

第三,沉香价值受到普遍的认可。据说当年广东人离开家乡时,一定要带上沉香,因为出门远行万一盘缠不够,一小片沉香便能换不少钱来用。不仅是中国,包括中东、东南亚诸国都有大规模的沉香交易市场存在。加上现在国人对于沉香的认知越来越深入,对其价值也越发认可,因此仅就中国大陆而言,对于沉香收藏的投资也越来越普遍,数量和金额也越来越大。

3. 沉香市场升值空间

有人或许会产生疑问：如今沉香的价格已经高得离谱，是否已经到顶，并无再投资的潜力了呢？

首先，大部分沉香爱好者，尤其是初学者所接触到的沉香市场都是浮于市场泡沫之上的，而且大多数人对于其价值的认识也都是道听途说。沉香自然有天价的顶级货，但并不是每一块沉香都是天价货，也有价格相对较低、具有升值潜力的沉香。而且即便是顶级天价的棋楠，其价格也远未达到顶级翡翠、钻石的级别，但在市场上的数量却要远远少于后者。

其次，就这几年的市场行情和资源情况来看，沉香还是具有很高的投资价值的。顶级品质的沉香现在面临有资金而找不到货源，而较为优质的沉香数量开始锐减，同样的价格所拿到得沉香品质变得越来越低劣。

在合理地分析市场行情，充分了解并能正确区分沉香品质的前提下，沉香还是有很高的投资和收藏前景的。

4. 如何判断沉香的价值

投资沉香时，要做到对于每一块沉香的价值都仔细判断、理性分析。

（1）品质判断

对一块沉香本身价值高低的判断主要集中于以下几点。

①密度。一块沉香含油量的多少是它本身价值最重要的体现，而是否沉水是其价值的衡量指标。在市场上，一块沉水沉香的价格是其同品种、同产区不沉水沉香的2～4倍。所谓沉水，并不是指香体大部分能够沉入水中，而是指一块香体入水即可沉入水底，而且在试水前一定要注意是否是干料沉香，较干的沉香才有试水的意义。一块水分含量很高的沉香即便沉水，等其干透了以后也会变成浮水。

②香味。沉香的独特性在于其香味，而沉香的形成形式多样，

生成环境各异使得每一块沉香的香味都与众不同。好香清甜醇厚，气味纯而不杂，凝聚力强，扩散力好，让人从感官上得到非常愉悦的享受，回味不尽。但是并不是每一块沉香都会有很好的香味。有些沉香由于理香不尽，会有一些杂乱的气味影响本身香气。有些沉香由于本身年份不足，香味生、凉有余而回味不足。有些沉香水气过重，令人有晕香的感觉。还有一些熟香因为时间过久，又没有妥善保存，散发出霉、腐的气味，令人作呕。所以一块沉香的香味对其价值的影响也是十分巨大的，这也是买家在购买时判断其价值的依据。

③ 形状与大小。购买沉香时尽量选择直径较大、较为厚实的香体，这样的香材可塑性强，可雕刻，可车珠子。另外，相同品质的沉香，越大、越沉的价值越高，因为大块沉香所需要的结香时间远远长于小块沉香。

（2）产地价值

根据产区的不同，沉香的价值也会有所不同。不同产区的沉香不仅香味不同，产量也大有不同。所谓物以稀为贵，产量越稀少的产区所产的沉香所拥有的价值越高。国内沉香由于产量少，且香味较佳，因此市场价值一般较高。

抛开沉香本身油脂、香味、密度、形成等因素，就产区价值而言，国内沉香的价格首推海南沉香，同一级别的是香港沉香、广东沉香。国外首推越南沉香，其次是印尼等一些产区所产沉香。越南产区中又以芽庄产区为最，而印尼产区中达拉干、马尼恼、安汶等小产区的产区价值最大。相比较而言，其他产区的产区价值稍低一些。

广东"花心格"沉香手串

三、如何投资沉香

1. 购买沉香材料

购买沉香时应该注意以下几点。

① 统货收购可能会掺杂不同产区、不同品质的沉香,所以统货价格一般较低,但要求购买者有能力合理区分。

② 有"货头"、"货尾"之分。"货头"指的是被挑选之前的沉香统货,而"货尾"指被挑选之后的沉香统货,两者价格有所不同。

③ 如要制成沉香工艺品,如加工成雕件、珠子,则购买时应根据需要选择合适的形状。购买大料时更要谨慎,必须看清料子是否是整体,香体内部是否有掺假或加重。

④ 不能成形的碎料香材择香味优者购买,可成形的大料香材择油脂高者购买。

统货沉香材料

2. 建立氛围良好的香圈

在投资收藏沉香时,建立一个氛围良好的香友圈子也是关键所在。良好的沉香交流圈子不仅可以让香友接触到更多沉香资源,也可帮助香友结交更多沉香收藏者。但要注意,爱香之人必定是品格高尚之人,不要以过于商业的目的来结交香友,应以志同道合为首要前提,这也正是沉香收藏的魅力所在。

四、沉香的未来走势

沉香资源后劲不足，野生沉香资源或许会在几年之内就完全消失，未来的沉香市场主要会呈现以下几个特点。

1. 优质货的反复交易令市场库存稳定

好沉香越来越少，现在市场上也经常会出现同一块沉香在很多人手中流转而价格不断增加的情况，这样的情况在未来会不断增多。沉香市场上优质野生沉香的数量会趋于稳定，可能会出现同一块棋楠被反复多次交易的情况。

2. 人工培植沉香的冲击

人工培植沉香的技术越来越成熟。这种技术最早是日本人在越南开发，用于栽培药用沉香的。后来这种技术被国人所学，除了药用以外，也被用于收藏市场。但人工沉香和野生沉香在香气和品质上有很大差别，且人工沉香的种植条件苛刻，结香时间长，因此成本很高，由此可见人工沉香价格也未必会走低。现在国内已有多家公司投资在海南、广东等地种植沉香，越南亦有人工沉香的栽培，未来人工沉香势必会成为沉香市场的主力。但就投资收藏而言，人工沉香目前还不具备价值。

3. 假货逐渐消退

沉香在国内形成市场的初期，由于了解的人较少，所以一直以假货为主。但随着人们对沉香的了解越来越深入，假沉香的前景势必越来越暗淡。在以后的沉香市场中，假货一定会慢慢消失殆尽。

人工培植的沉香

第三章　沉香投资与收藏

顺应市场而生的假沉香和假沉香雕件

第二节 沉香收藏和保养

一、如何鉴别沉香

沉香的市场价值高,但其收藏市场的形成时间却很晚。国内早期的沉香收藏市场混乱,主要以经营假货为主,商家利用消费者对沉香的不了解而卖假。在很长一段时间内,假沉香由于价格低廉、香味更加明显而比真沉香更受市场欢迎。随着人们对沉香的了解不断加深,真沉香逐渐占领市场,但是卖假货的商家依然存在,因此玩家必须学会如何识别真假沉香以避免上当受骗。

这里将鉴别沉香真假的方法归纳如下。

1. 凭手感

拿到一块沉香,首先可依据手感对真假做一个初步的判断。沉香是脂、木混合体,其油脂含量要高于一般实木,所以质地相对偏软,抚摸的手感不会如同实木一般坚硬。上好的沉香油脂含量较高,手指轻推甚至会有腻手的感觉。沉香品质好坏主要看密度,但是即便是上好的天然沉香,其密度一般也不会大于水密度的40%,所以如果手中的沉香如同金属、石头一样沉手,就必须注意了,因为市场上常有用高压压制的"石头沉"赝品,其因密度大、质地硬而得名。

2. 生闻香气

一般沉香在不加热、加湿的情况下只会散发出淡淡的香气:会安系沉香香味淡雅,若有似无;星洲系沉香香味稍显浓郁,闻着有厚重之感,也不太突出。即便是略带药味的沉香,其香气也是非常清淡的。只有棋楠香味比较明显,以甜味和凉味为主,但棋楠香味带有特殊的韵味，令人闻过便难忘，所以假棋楠是骗不了人的。如果一块沉香常态下也会散发出非常刺激的、突兀的香气，那十之八九是经过加工的。另外，香友们须知，无论在什么情况下，沉香的香气都不会刺鼻，一旦觉得沉香香气刺鼻，或者带有浓重的药味，那基本上就是含有人工香精或者泡过人工香油的。

> 用高目砂纸对沉香表面进行打磨，就会令沉香散发出浓郁的香气，对沉香气味判断有自信的香友们可用这种方式对沉香产区、品质、真假进行判断。

3. 加热闻香味

将沉香加热熏烤或者明火点燃闻香味可判断其真假。好沉香在炉中熏烤的时候首先散发出沉香油脂中的香味，一定不会是木头烤焦的焦臭味；在长时间的熏烤过后，油脂会慢慢耗尽，此时会出现沉香木烤焦的焦味。同样，在遇到明火后沉香也不会先出现木头烧焦的气味。沉香在点燃时可以清晰地观察到接近明火的香体表面油脂产生沸腾，会有香体内部油点外冒的现象；香体在燃烧后会产生青白色的烟气，同时散发清新的香味。不同产区、品质的沉香燃烧后的香味各有不同，但都是柔和的、令人愉悦的香气。假沉香是禁不起加热和火烧的，假沉香的香气一般来自合成香精和酒精，一旦燃烧，会散发刺鼻的臭味，同时冒黑烟。

4. 注意辨别以次充好者

现在市面上出现的欺骗手段有以假乱真和以次充好两种。以假乱真指的是采用外表接近沉香的天然植物（一般多为产区接近的地方所产）来冒充沉香，或通过加工一些非天然的合成材料来冒充沉香。而以次充好主要是指通过加工一些品质较差的沉香来冒充优质沉香，或改变它的外表，或在其内部进行添加，或采用特殊手段改变其香味品质。

相比用假沉香冒充真沉香欺骗玩家，以次充好者本身也使用沉香作为原材料，其利用的更多是爱香者对沉香一知半解，又渴望低价购入上品的"捡漏"心理。因此，香友们在购买沉香时应保持理性，对品香要有充足的经验，对市场行情要有较好的把握。

> 手串和雕件中颜色偏白的一般采用结香较少部分或直接采用白木加工而成，因此香味不会太浓，过浓就是添加了沉香精油或人工香料。

白木沉香一般使用结香较少部分或直接使用白木加工而成

"生香"中的油脂一般沿着木质导管呈均匀线状分布,油脂线路清晰可见,一般不会出现突兀的断裂和呈现块状分布的油脂。压制沉香是指通过人为加工以提高沉香的密度,使油脂线模糊、断裂或呈现块状不均匀的分布未经压缩的沉香纹理和压缩后的沉香纹理差别较大。

"石头沉"是用天然沉香压制而成的沉香工艺品

未经压缩的沉香纹理

压缩后的沉香纹理

经过泡油后失去沉香纹理的"药沉"手串

二、沉香的各类收藏

1. 沉香首饰

古朴、典雅的沉香手串

沉香首饰一般是指用沉香原材料加工成的佩戴品，现市面上较多的一般是用沉香加工成的圆珠首饰、筒珠首饰和随形首饰。其中，圆珠首饰的价格最高，因为沉香圆珠消耗的材料最多；其次为筒珠首饰；随形首饰一般根据材料的形状来加工，因此所消耗的材料最少。

一般在搭配上分为手串和持珠，根据其直径大小有不同的价格。根据材料的密度，这些沉香珠子分为浮水、沉水浮、沉水三个等级，并有固定数量的标准搭配。

沉香手串正圆球体参考表

尺寸	单粒沉水（大于或等于）单位：g	沉水标准（大于或等于）单位：g	沉水浮（区间）单位：g	浮水（小于）单位：g
5咪①	0.065	7.28（不含隔珠）7.63（含隔珠）	5.83～7.28（不含隔珠）6.10～7.63（含隔珠）	5.83（不含隔珠）6.10（含隔珠）
6咪	0.113	12.66（含隔珠）	10.13～12.66（含隔珠）	10.13（含隔珠）
7咪	0.179	19.93（含隔珠）	15.94～19.93（含隔珠）	15.94（含隔珠）
8咪	0.269	29.91（含隔珠）5.91（18粒手串）	23.92～29.91（含隔珠）4.72～5.91（18粒手串）	23.92（含隔珠）4.72（19粒手串）
10咪	0.523	58.18（含隔珠）9.41（19粒手串）	46.54～58.18（含隔珠）7.52～9.41（19粒手串）	46.54（含隔珠）7.52（20粒手串）
12咪	0.904	15.36（17粒手串）	12.23～15.36（17粒手串）	12.23（17粒手串）
13咪	1.150	18.40（16粒手串）	14.72～18.40（16粒手串）	14.72（16粒手串）
14咪	1.436	21.54（15粒手串）	17.23～21.54（15粒手串）	17.23（15粒手串）
15咪	1.766	26.49（15粒手串）	21.19～26.49（15粒手串）	21.19（15粒手串）
16咪	2.144	30.01（14粒手串）	24.01～30.01（14粒手串）	24.01（14粒手串）
18咪	3.052	39.67（13粒手串）	31.73～39.67（13粒手串）	31.73（13粒手串）
20咪	4.187	50.24（12粒手串）	40.19～50.24（12粒手串）	40.19（12粒手串）

注：①1咪=0.1厘米。

5～10咪可做108粒手串，其中3粒隔珠、6粒须珠均小2咪，并附葫芦头一粒；8～20咪可做手串，手串标准粒数为括号内数值。

在选购珠子的时候要注意每颗珠子是否够圆,表面是否有瑕疵,以及每颗珠子上的纹路是否为垂直于穿孔线的横纹。

优质的国内沉香和越南沉香很少有可加工珠子的密实材料,而且国内沉香和越南沉香做成的珠子一般很难闻出味道来。市面上大多数沉香首饰采用的是星洲系沉香材料,其中以印尼沉香为主。印尼沉香多能产出密实的珠子料,生闻香气较为浓郁,深受玩家喜爱。

印尼伊利安沉香 108 粒佛珠

沉香珠子的车法

香体密实的沉香珠子料

第三章 沉香投资与收藏

"花棋楠"手串用种类似沉香的木材加工而成

常见的几种假沉香手串

2. 沉香雕件

沉香雕件是指用沉香材料雕刻而成的挂件、把件或摆件。沉香因其结香伤口位置、深度的差异和香体密度、外形的差异,雕刻时一般需要雕刻者因材施雕。大块的雕件、摆件一般使用的材料品级不是很高,因此选择沉香雕件时,首先考虑的还是所用材料的品质,其次看雕工水准,因为一般沉香雕刻少有工艺非常出众的,其价值最终还是体现在材质上。

印尼达拉干沉香雕件

第三章 沉香投资与收藏

黑棋楠雕件

3. 品香收藏

除了把玩品、佩戴品等沉香收藏品外，许多品质出众的熏材、香粉、线香也具有很高的收藏价值。品质优秀的线香和高级红酒一样，是看批次的，一批好的材料所做的线香是无法复制的。现在野生沉香的品质越来越低，数量越来越少，制成的香味醇厚的线香也已越来越少。因此，品质出众的熏香材料的投资收藏也逐渐形成了一定的市场，具有较大的升值空间。

黑棋楠雕件

第三章 沉香投资与收藏

三、如何保养沉香

1、首饰、雕件的保养

除了遵照前文所提的对于一般沉香的保存须知以外,在佩戴和保养沉香制品时还需要注意以下几点。

① 不要接触任何化学用品。
② 不要长期放置于有严重异味、杂味的环境(如烟味、油漆味)。
③ 不佩戴时最好密封保存。
④ 不要用不干净的手去把玩,最好配一块把玩布,常用布去搓玩。

2. 线香的保存

线香可放于纸盒和木盒中保存。一般木盒中会有木质的清香，但是并不会影响线香本身的香气。将线香保存在干燥、阴凉的地方，切勿使其受潮或受热。

第三章　沉香投资与收藏

附录三：沉香精油的使用（参考）

1. 功效

调和理气：益补脏腑，运行气血，帮助消除脑部疲劳，舒缓、恢复身心平衡，平缓情绪。

护肾养肝：帮助气血循环和代谢肝肾毒素，增强免疫能力。

收敛生肌：消炎杀菌，对油性暗疮有特效，改善皮肤晦暗无光泽的状况，促进细胞生成。

安眠抗郁：安定情绪，舒缓紧张的大脑神经，令身心舒畅，提高睡眠质量。

平脂祛痘：消炎祛痘，激励细胞组织再生机能，分解、淡化皮肤黑色素。

聚精会神：减压放松，有助增强脑细胞活力，提升记忆力和注意力。

2. 使用方法

闻香：将少量精油涂抹于手背或手帕上，放在鼻子处平缓吸入，或者盖在鼻子处，闭目深呼吸，即可舒缓紧张情绪，增强记忆力，愉悦身心。

熏香：将0.5毫升沉香精油加入熏炉，热力令沉香精油挥发，可净化空气，减少病菌传播，芬芳气息刺激嗅觉神经，使人身心舒缓，发挥独特的养生效果。

浸浴：将1毫升沉香精油稀释于水溶性溶液如全脂奶或者苹果醋中，放入充满温水的浴缸中，浸泡15分钟，可实时消除疲劳，松弛肌肉，舒缓身心压力，滋养肌肤。

按摩：将沉香精油稀释于基础油中按摩身体，稀释比例为每10～15毫升基础油加1毫升沉香精油，可以松弛肌肉，改善血液循环，消除疲劳，达到身心平衡。

内服：每次0.02～0.2毫升（日量不超过1毫升，温水稀释服用）。

沉香精油

印尼加里曼丹沉香雕件·一苇渡江（鹤香喻藏）

第四章 沉香演绎

本章主要介绍三种使用沉香品香的方法，供沉香爱好者们参考。

第一节　线香

很多初级的沉香玩家，既不想把品香的程序复杂化，也不想花费过高的品香成本，同时还希望品味到较为纯正的沉香香味。在这种情况下，最好的方法就是选择使用沉香线香。

一、线香的制作工艺

沉香线香主要由沉香粉和香粉黏合剂按照一定的比例配制而成，在配制过程中先加入水使各组分充分混合，再经制香机出香晒干。

制香机

线香的制作

二、线香的缺点

从工艺可看出，使用线香品香相对于直接使用沉香粉熏烤而言，香味的纯正度会降低，香味也会有些许出入。但是一款品质优秀的线香可以基本还原沉香甜美、柔和的本味。

对沉香线香而言，黏合剂的选择十分关键，其好坏对成香后线香品质的好坏有着至关重要的作用。

应尽量降低线香中黏合剂的比例而提高线香中油脂的比例，

从而增加香味的纯度，减少烟火味。添加少许的枫树油对香燃烧时的烟火味有一定的调和作用。

当然，一款线香中所含沉香粉的多少也是线香的味道是否纯正的重要评判标准。

卧香

三、如何品评线香

沉香线香燃烧时一般呈现白色的烟气，且基本上能保留沉香油脂挥发时产生的原始香味，但是相对于熏香而言，其纯正度还是有所欠缺。线香很多时候因为黏合剂燃烧以及沉香粉末中本身含有的木质部分燃烧而产生呛味，这也是一种不可避免的缺陷。因此，在品线香的时候，不要过于靠近火头，这样会有比较好的效果，尤其是沉香的香韵，在距离火头 20 ~ 30 厘米处最佳。

使用线香时还应注意以下几点。

第一，用火焰焰中部分点燃线香。焰尖温度过高，容易将香烤焦，产生焦味。

第二，刚刚点燃线香的那一瞬间的香味是不纯正的，等火头稍微燃烧一段时间后，沉香的本味才会发挥出来。有人认为沉香燃烧后的香灰是否会断是辨别沉香真假优劣的标准。其实不然，根据作者了解，香灰是断是续与黏合剂的选择有关，也与所用香粉的油脂比例相关，与线香中沉香的优劣真假并无关系。

第三，其实线香本身也是有味道的，就算不燃烧，一定数量的线香放在一起，密封一段时间后，也能产生沉香味，只是并不明显。

第四，线香也可以放在电熏炉中熏用，同样能产生味道，不过损耗较大。如果不想闻烟味，不妨把线香折断碾碎，放在熏炉中熏闻。

第二节 线香法

一、线香法准备工作

线香法较为简单,只要有线香、香座和火就足够了。市面上的大部分线香较易折断,所以在使用的时候,建议先把线香放入香座,然后用火点燃。剩下的,就是捧一杯茶,静静地品味了。

品评一种线香的优劣,味道自然是最为重要的。由于现在市面上的线香大多数都是各个产地沉香粉的混合物,有些甚至还掺有别的香品,因此要求玩家必须有多年的品香习惯和经验,对各个产地的线香味道都有比较系统的了解,这样才能分辨生产商是不是挂着羊头卖狗肉。

其次要看扩香力。沉香的香味极具穿透力,有着"香中之王"的美誉,而良好的扩香力正是这种香味穿透力的有力证明。一款好的线香,在点燃之初,其香味便迅速扩散并大范围穿透,令人精神迅速振奋。

另外还要看持久力。好香袅袅三日,绕梁不绝,如同好音乐一般。即使燃烧完,其香味依然能长时间存留。

最后,对于线香而言,火头是否重,香味是否足够柔和,也是衡量好坏的重要标准。基本上闻不到烟味且发香柔和的香不管是不是沉香,制作它的人都是极具诚意的,至少在配比和工艺上体现了这种诚意。

在沉香的使用中经常会用到的香灰

二、线香法图解

这里通过图片展示线香法的流程,图中演示人为路滢超。

准备

取香

燃香

插香

品香

第三节　篆香法

本节通过图片展示篆香法的流程,供读者参考。

准备

松灰

压灰

扫灰

下篆

入香

压香

起簪

簪成

第四章　沉香演绎

点香引

引香篆

品香

/143

第四节　空熏法

本节通过图片展示空熏法的流程，供读者参考。

准备

燃炭

第四章　沉香演绎

松灰

压灰

入炭

开孔

火山完成

云母入香

闻香

深闻香

传香

观香

接香

附录四：香道用具赏析

香刀

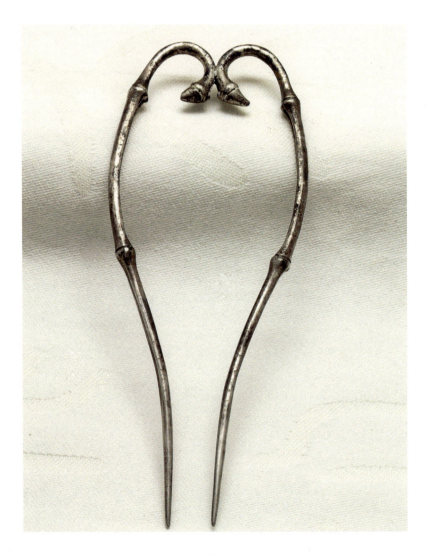

香夹

第四章 沉香演绎

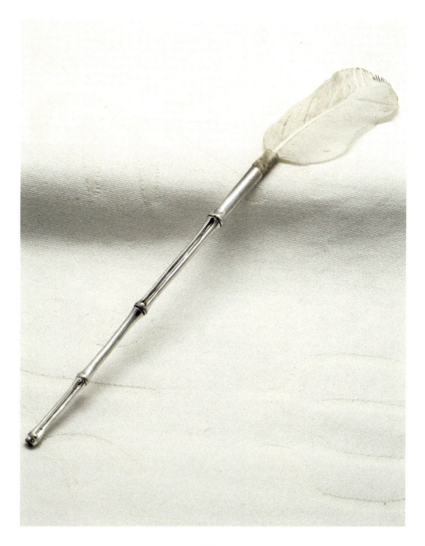

香扫

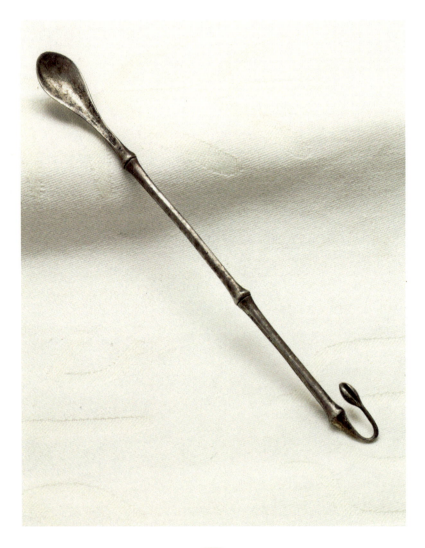

香匙

第四章　沉香演绎

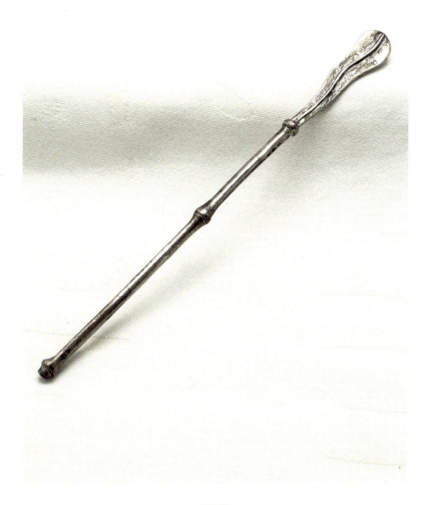

压灰扇

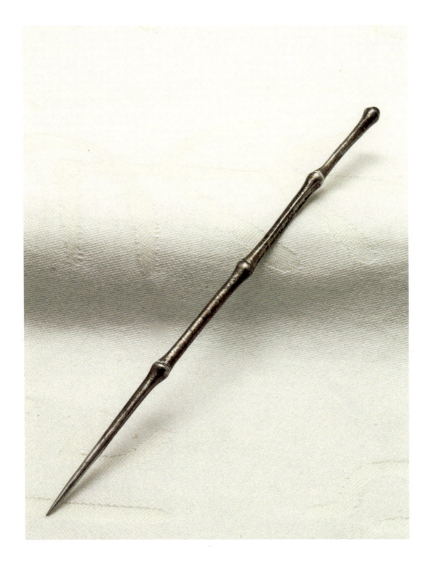

探针

后记

《沉香收藏入门百科》一书的雏形，源自我与姜跃进先生的一次闲聊，姜先生和我亦师亦友亦同事，他是我进入文玩圈子的师傅，也是我相交甚欢的忘年好友，更是工作上紧密的合作伙伴。姜先生接触沉香很早，也曾有过做一本介绍沉香的书的想法，奈何年纪不小，身体虽无恙，体力却不足以支撑他四处考察了。所以计划便一直都是计划。

几年前我来到北京与他相识，一见如故，后来谈及很多事情，并一同定下做一本介绍沉香书籍的事。

沉香中有着太多玄妙的东西了，包含着历史、宗教、医学、文化等宏大的主题。说不清也道不明。就我个人对沉香的理解而言，一共分为四个阶段：

一、不知什么是山，什么是水。

刚接触沉香，对其充满好奇，但是它并不是那么直观的事物，香味本身就抽象，而沉香更是一门"偏科"的学问。此时看不懂沉香，所以烧、闻、区别、分辨、归纳，慢慢才明白沉香的由来、产区和香味的感受。这便是对"何为沉香"的理解了。

二、看山是山，看水是水。

闻的多了，接触的多了，看的书多了，看到的解释多了，慢慢地也就有了一套自己的体系，此时也知道了什么"棋楠"，什么是"生、熟香"，对香味也有了自己的判断，也去过一些产区，便自以为是懂了沉香。其实，也就是对沉香有了一种"初感悟"。

三、看山不是山，看水不是水。

然后在不停接触沉香，结交香友中发现沉香的种类、香型实在繁多，所接触的沉香的讯息也纷繁复杂，真真假假有时开始变得难以判断。时常产生迷茫，每一块香都闻不懂，闻不透彻，开始变得熟悉且陌生。

四、看山还是山，看水还是水。

对一种事物的认知最后还是会返璞归真。这即是一种对沉香理解的层次,也是一种对生活理解的层次。想通了这一层,有时谁说的对,谁说的错也就不那么重要了。

最后感谢北京品香堂的两位汪先生:汪科富先生和汪金荣先生。他们一位为我讲解了许多沉香知识,一位和我一起进山拍摄。感谢好友奇木香堂金阳和他的夫人路滢超,感谢他们对我和本书的大力支持,感谢摄影师崔建先生精湛的拍摄技术。

作者简介:

张梵:接触沉香十余年。愿以严谨的求学态度探索和研究沉香之奥秘,曾为此多次到广东、海南、越南等多个野外沉香产区进行实地考察,整理沉香相关资料。

现于北京成立萦香社,名自苏轼"岂若炷微火,萦烟袅清歌"之诗意。愿借此得天下爱香之友不吝赐教,共研中国传统文化之妙。

姜跃进:莲花居居主,文玩把饰、玉石红木、花鸟鱼虫、瓷器古董,无所不好。对中国香学文化亦十分喜爱。有"京城第一籽"雅号。抱着"嬉笑怒骂,皆是谐趣;爱恨情仇,缘是朋友"的理念经营文玩,结交朋友。

沉香钩丝及其使用方法说明

沉香钩丝是香农在理香过程中用专用钩刀从沉香上勾下的木质成分。其中含有一定比例的沉香醇并具有一定的使用价值。

沉香钩丝的使用方法如下:

熏香。将一定数量的沉香钩丝置于电子熏香炉中,用熏香炉的热量将钩丝中的香油挥发出来,以达到品香的作用。使用时,熏香炉的温度不要过高,否则容易烤焦木质而散发出焦味,因以 150~200 摄氏度为宜。

入茶。将一定数量的沉香钩丝用高温热水清洗一遍,然后用温水冲泡饮用。亦可参考功夫茶泡制的方法冲泡。第一泡时以高温水洗茶滤尽杂质,第二泡后方可饮用。适宜于体寒人士饮用,具有补气,暖精之疗效。

入酒:将一定数量的沉香钩丝用高温热水清洗后,置于少量酒中泡制饮用。具有补气壮阳之功效。